ÖSTERREICHISCHE AKADEMIE DER
PHILOSOPHISCH-HISTORISCHE
DENKSCHRIFTEN, 209. BAND

ERNST RUDOLF

# Attische Sarkophage
# aus Ephesos

VERLAG DER ÖSTERREICHISCHEN AKADEMIE DER WISSENSCHAFTEN

WIEN 1989

Vorgelegt von w. M. Hermann Vetters in der Sitzung am 12. Oktober 1988

Gedruckt mit Unterstützung durch den
Fonds zur Förderung der wissenschaftlichen Forschung

Die Sarkophage vom ‚Tor der Verfolgung', Ephesos ca. 1810
(Aufnahme: Biblioteca Apostolica Vaticana)

# INHALTSVERZEICHNIS

*Meinen Eltern gewidmet*

# VORWORT

Seit der Freilegung des Grabbezirkes der Claudia Antonia Tatiana in den Jahren 1928 und 1929 stellen die attischen Sarkophage ephesischer Provenienz ein Anliegen dar, auf das ihr bester Kenner Fritz Eichler zuerst hingewiesen hat. Die Beschäftigung mit den dort gefundenen Sarkophagfragmenten bot ihm Anlaß, eine Übersicht zu dieser Monumentgattung für Ephesos zu erstellen [1], die — nur geringfügig verändert und ergänzt — in die großen Sarkophaglisten von Kallipolitis und Giuliano, zuletzt in das Handbuch der Archäologie von Guntram Koch übernommen wurde [2].

Wohl in der Folge seines Interesses für den Schlachtsarkophag des Aristides entstand unter dem Patronat Eichlers eine Dissertation zur Ornamentik der attischen Sarkophage [3]. Nach eigener Einschätzung versuchte die Autorin dieser unpubliziert gebliebenen Arbeit eine systematische Übersicht „für alle an attischen Sarkophagen vorkommenden Ornamenttypen"[4].

Die Anregung zur Aufnahme der von Eichler geleisteten Vorarbeiten erhielt ich von W. Jobst. H. Vetters gestattete mir die Verwendung von Archivmaterial aus dem Österreichischen Archäologischen Institut zu den großenteils noch unpublizierten Denkmälern. Eine weitere Ergänzung meiner Arbeit bildete schließlich ein Schriftenkonvolut aus dem Nachlaß von F. Eichler, das mir Herr Jobst zur Verfügung stellte. Die darin gesammelten, handschriftlichen Notizen aus den Jahren 1930, 1944, 1962 und 1963 sind als Grundlage einer Publikation des Grabhauses der Tatiana anzusehen. Sie umfassen beinahe ausschließlich peinlich genaue und geduldige Beschreibungen der Sarkophagfragmente jenes Fundortes. Einiges davon ist in den vorliegenden Text aufgenommen [5]. Dagegen ist die Auseinandersetzung mit Vergleichsdenkmälern selten in den Blick genommen.

Besondere Unterstützung fand ich bei B. Andreae und G. Koch, die sich meinen Fragen geduldig zur Verfügung stellten und sie mit zahlreichen Hinweisen verbanden. Für vielerlei Hilfe bin ich weiterhin E. Atalay, M. Aurenhammer, S. Bayan, C. Foss, J. Grüttner, G. Jennewein, B. Kaeser, St. Karwiese, V. Leon-Mitsopoulou, D. Mertens, H. Oehler, K. Rudolf, B. Schmaltz, S. Walker, L. Wellicome und G. Wipplinger verpflichtet. Die Aufnahme des Textes in die Schriftenreihe der Österreichischen Akademie der Wissenschaften verdanke ich Herrn Präsident Vetters.

Für den vorliegenden Bericht konnten die aktuellen Arbeiten von M. H. Chèhab, BMusBeyr 24 (1984), ders., BMusBeyr 25 (1985), sowie von P. Linant de Bellefonds, Sarcophages attiques de la necropole de Tyr (1985) nicht mehr berücksichtigt werden.

---

[1] F. Eichler, JdI 59/60 (1944/45), 128 ff.

[2] Siehe in den Literaturverzeichnissen zu den einzelnen Sarkophagen.

[3] Ch. Haas, Zur Ornamentik der attischen Sarkophage der römischen Kaiserzeit, unpubl. Diss. Wien 1959, 2. H. Kenner, Öjh 46 (1961—1963), HB 49 Anm. 127. Koch 1982, 370 Anm. 21.

[4] Haas a.O. 1.

[5] Unter der Abkürzung „Eichler N.Bl." und — soweit möglich — der Datumsangabe.

# EINLEITUNG

Die bisher gesammelten attischen Sarkophage aus Ephesos führen eine zufällige Auswahl vor Augen. Ihrem Charakter nach sind sie als Gelegenheits- oder Oberflächenfunde zu werten, manche Fragmente stammen aus grabfremden Zusammenhängen. Sie lassen über die kaiserzeitlichen Nekropolen der Stadt Ephesos [6] keine weitergehenden Aussagen zu, was beispielsweise Grabbezirke und ihre relative Belegungsfolge betrifft, oder die Präferenz, die möglicherweise bestimmte Örtlichkeiten zu bestimmten Zeiten innehatten. Ebenso muß das Verhältnis der lokalen, dekorativen Sarkophagproduktion zu den aus Griechenland importierten Monumenten im dunkeln bleiben.

Der vorliegende Katalog versucht die mir bekanntgewordenen Denkmäler anhand von Archiv- und Photomaterial vorzustellen. Ein umfangreicher Abschnitt des Textes ist dem Exemplar Woburn Abbey gewidmet, insofern es für einige Problemkreise attischer Sarkophage Wichtigkeit besitzt. Für ein Detail des Erotensarkophages ist auf die Ornamentik Bezug genommen.

Dem wohl bekanntesten attischen Sarkophag aus Ephesos, der Grablege des Qu. Ae. Aristides, soll eine monographische Behandlung vorbehalten bleiben.

---

[6] Zu den Grabbezirken von Ephesos vgl. u. a. J. T. Wood, Discoveries at Ephesus (1877), 116, 120, 123 f., 129. Ders., On the Antiquities of Ephesus having relation to Christianity, etc. (1878), 332. O. Benndorf, Öjh 2 (1899), BB 22. R. Heberdey, Öjh 15 (1912), BB 170, 182. J. Keil, Öjh 17 (1914), HB 133 f. Ders., Öjh 26 (1930), BB 12, 31 f. Ders., Öjh 27 (1932), BB 69. F. Miltner, Öjh 42 (1955), BB 51. J. Keil, Ephesos. Ein Führer durch die Ruinenstätte und ihre Geschichte (1964⁵), 93. RE Suppl. XII (1970), 1677 f. s. v. „Nachträge Ephesos B" (W. Alzinger).

## Abkürzungsverzeichnis

Neben den in AA 1981, 725 ff. und der Archäologischen Bibliographie 1982, X ff. niedergelegten Abkürzungen sind folgende verwendet:

| | |
|---|---|
| Chéhab | M. H. Chéhab, Sarcophages a reliefs de Tyr, BMusBeyr 21 (1968), 7 ff. |
| Giuliano | A. Giuliano, Il commercio dei sarcofagi attici (1962) |
| Giuliano - Palma | A. Giuliano - B. Palma, La maniera ateniese di età romana. I maestri dei sarcofagi attici, Studi Miscellanei 24 (1978) |
| Himmelmann | N. Himmelmann, Sarkophage in Antakya, AbhAkMainz 1970 |
| Himmelmann-Wildschütz | N. Himmelmann-Wildschütz, Fragment eines attischen Sarkophages, MarbWPr 1959, 25 ff. |
| Kallipolitis | Β. Γ. Καλλιπολίτης, Χρονολογικὴ κατάταξις τῶν μετὰ μυθολογικῶν παραστάσεων ἀττικῶν σαρκοφάγων της ῥωμαϊκης ἐποχῆς (1958) |
| Koch 1982 | G. Koch - H. Sichtermann, Römische Sarkophage, HdArch 1982 |
| Michaelis 1882 | A. Michaelis, Ancient Marbles in Great Britain (1882) |
| Redlich | R. Redlich, Die Amazonensarkophage des 2. und 3. Jahrhunderts n. Chr. (1942) |
| Saverkina | I. I. Saverkina, Römische Sarkophage in der Ermitage (1979) |
| Sichtermann - Koch | H. Sichtermann - G. Koch, Griechische Mythen auf römischen Sarkophagen (1975) |
| Sichtermann 1982 | siehe Koch 1982 |
| Smith | A. H. Smith, A Catalogue of Sculpture at Woburn Abbey (1900) |
| Wiegartz 1974 | H. Wiegartz, Marmorhandel, Sarkophagherstellung und die Lokalisierung der kleinasiatischen Säulensarkophage, Mél. Mansel (1974), 345 ff. |
| Wiegartz 1975 | H. Wiegartz, Kaiserzeitliche Reliefsarkophage in der Nikolaoskirche Myra: eine Nekropole in antiker und byzantinischer Zeit, in: J. Borchardt (Hg.), Myra, IF 30 (1975), 162 ff. |

Weitere Abkürzungen:

| | | | | |
|---|---|---|---|---|
| B | Breite | Nsl, lNs | linke Nebenseite |
| BB | Beiblatt | Nsr, rNs | rechte Nebenseite |
| Eichler N.Bl. | Eichler Nachlaßblatt | Rs | Rückseite |
| H | Höhe | T | Tiefe |
| HB | Hauptblatt | Vs | Vorderseite |
| L | Länge | | |

## Abbildungsnachweis

Ashmolean Museum, Oxford: Abb. 42 f.
M. Aurenhammer, Wien: Abb. 39—41
Biblioteca Apostolica Vaticana: Frontispiz
Bildarchiv Photo Marburg
    Archivnr. 1305159: Abb. 1
The British Museum, London
    Inv. LXVC5: Abb. 17
DAI - Istanbul
    Negnr. R 801: Abb. 15
    Negnr. 67/121: Abb. 16

Forschungsarchiv für Römische Plastik, Köln
    Neg. 1506/0:  Abb. 5
    Neg. 1510/0:  Abb. 7
    Neg. 1525/4:  Abb. 9
    Neg. 1462/5:  Abb. 14
G. Koch, Marburg:  Abb. 18
Nationalbibliothek, Wien:  Abb. 2
ÖAI - Wien:
    Kopie nach Inst.Phot. II 2134:  Abb. 4
    Inst.Neg.Bl. 260/0, 5A:  Abb. 20
    Inst.Phot. II 1182:  Abb. 22
    Zeichnung Verf. nach einer Skizze aus dem Grabungstagebuch von Josef Keil zum 18. 10. 1930:  Abb. 23
    Inst.Phot. II 1183:  Abb. 24
    Inst.Phot. II 1332:  Abb. 25
    Inst.Phot. II 1334:  Abb. 27
    Inst.Neg.Bl. 374/2:  Abb. 28
    Inst.Phot. II 449 und Inst.Neg.Bl. 310/28A:  Abb. 29
    Inst.Neg.Bl. 566/14:  Abb. 31
    Inst.Neg.Bl. 435:  Abb. 45 f.
    Inst.Neg.Bl. 372/1:  Abb. 47
    Reproduktion nach Inst.Neg.Bl. 372:  Abb. 48
    Inst.Neg.Bl. 372:  Abb. 49
    Inst.Phot. I 261:  Abb. 50
C. Robert, ASR III, 3, 550 Abb. 47''':  Abb. 12
Verf.:  Abb. 3, 19, 21, 26, 30, 32—38, 44, 51—54
The Warburg Institute, London:  Abb. 6, 8, 10—11, 13

# DER ACHILLEUSSARKOPHAG WOBURN ABBEY

## Seine Herkunft

Zu jenen Denkmälern von Ephesos, denen die Bildungsreisenden des 17. und 18. Jahrhunderts mehrfach Beachtung geschenkt haben[1], zählt das sogenannte ‚Tor der Verfolgung'. Die Eingangsbastion ist Teil einer vermutlich iustinianischen Befestigungsanlage[2], die um den Ajasoluk herumgeführt ist. Den bemerkenswerten Charakter erhält der Torbau durch das zahlreiche Spolienmaterial, das zu seiner Errichtung verwendet worden ist[3]. Neben Säulenfragmenten und Architekturfriesen gehört bis heute ein attischer Sarkophag zu seinem Schmuck. In etwa zwölf Meter Höhe ist er als Rest einer einst umfangreicheren Frieszone erhalten geblieben (Abb. 1). Noch im 18. Jahrhundert zeigte dieser Bereich weitere Reliefplatten. Eine detailreiche Abbildung hat M. G. Choiseul-Gouffier[4] (Abb. 2) in seinen Reisebericht von 1782 aufgenommen, E. Chishull schreibt 1747 über die Reliefs:

„Among these are viewed with great satisfaction three flat marble stones curiously cut in 'basso relievo'; which tho of different design and unequal breadth are placed in a line to adorn the arch of the gate. The first of these marbles (reckoning from the left hand as we front the gate) has been somewhat injured by time; but from the portraiture of grapes and baskets, and four or five figures in gay and youthful postures, it may be presumed to represent a 'Bacchanal'. The second marble is a military piece, consisting of many entire figures, all cut in postures very bold and masterly, and such as are undoubtedly the work of some noble hand. It designes a warlike horse surprised by an enemy, with his rider lying at his feet; near which several persons are carried captive by Roman soldiers. The chieftain stands by, and is supplicated by a woman in a large loose mantle, whose intercession seems to intercept the action—this has been by some referred to the destruction of Troy, and by others to a Christian persecution; but with greater probability it may be thought to represent the event of some Roman victory.

The third marble is a sepulcral monument, and represents a dead person extended, from his knees upwards, on a funeral bed; the chief mourner is sitting, and five other persons standing in a melancholy posture, and lamenting over him. These likewise are very lively figures and cut with an initiable perfection."[5]

---

[1] Vgl. Robert, ASR II, 57. Smith 78 ff.

[2] O. Benndorf, FiE I (1906), 107. J. Keil, Ephesos. Ein Führer durch die Ruinenstätte und ihre Geschichte (1964[5]), 33. F. Miltner, Ephesos (1958), 125. M. Müller-Wiener, IM 11 (1961), 89 ff. W. Alzinger, Die Stadt des siebten Weltwunders (1962), 187. C. Foss, Ephesus after Antiquity: A Late Antique, Byzantine and Turkish City (1979), 107.

[3] Benndorf a.O. 108. Miltner a.O. 125 f. Keil a.O. 32.

[4] Voyage pittoresque de la Grèce I (1782), 1 Vign., Pl. 121. Danach Robert, ASR II, 58 Abb., Taf. 23; E. Falkener, Ephesus and the temple of Diana (1862), 120 Abb.; Smith 75 fig. 42, 79 fig. 44.

[5] E. Chishull, Travels in Turkey and back to England (1747), 26.

J. Spon und G. Wheler, die 1675 Ephesos besuchten und als erste Nachricht von den Reliefs geben[6], erklären den Namen des Torbaues genauer:

„Sur la porte, qui est à l'Orient il y a trois bas reliefs, qui ont èté tirez de quelque monument ... Quelques-une se sont figurez qu'il réprensentait un martyre de Chrêtiens à cause de cela ont appellé portail la Porte de persécution ...“[7].

Zu Anfang des 19. Jahrhunderts gerieten die bemerkenswerten Marmorplatten in den Blick des Antikenhandels. Anstrengungen wurden unternommen, um die Steine aus dem Mauerverband zu entfernen. Über die Art der Vorgangsweise unterrichtet Prokesch von Osten[8]. Demnach wurden die Reliefs herausgelöst und nach unten auf Säcke geworfen. Dabei brachen teilweise die Sockelbereiche ab. Ein großes Fragment verblieb im Schutt unter dem Torbogen und wurde noch 1895 von O. Benndorf gesehen. Er photographierte es für das Sarkophagwerk von Carl Robert[9].

Es konnten jedoch lediglich drei Platten eines attischen Achilleussarkophages ausgehoben werden, der schon genannte Erotensarkophag widerstand den Bemühungen[10]. Denn von ihm ist offenbar der vollständige Kasten in die Mauer eingefügt, während der Achilleussarkophag in einzelne Platten gebrochen worden ist. Diese Vermutung legt eine Beobachtung nahe, die noch nicht lange Zeit möglich ist. Die fortschreitende Auswaschung im Mauerwerk der Bastion hat den Blick auf die rechte Schmalseite des Erotensarkophages freigegeben (Abb. 3). Gleichwohl ist der rechte Bereich des Vorderseitenreliefs zu dieser Zeit beschädigt worden[11].

Die Frage nach dem Zeitpunkt der Abnahme der Reliefplatten ist nicht einfach zu beantworten[12]. Einen Ansatz vor 1813 schlägt A. H. Smith in seinem Katalog zu Woburn Abbey vor. Er verweist auf eine „series of etchings (that) exists published at the European Museum 25th May, 1813 ... in which the reliefs are described as 'the Antique Sculpture from the temple of Diana at Ephesus (formerly reckoned one of the seven wonders of the world) executed by Scopas eight hundred years before the Christian Era' “[13]. Abgesehen von der Deutung der Bilder erscheint es möglich, daß sie zu diesem Zeitpunkt bereits vom ‚Tor der Verfolgung' abgenommen waren und durch einen besonderen Umstand in den Blickpunkt der Zeitschrift gerieten.

In diesem Zusammenhang ist eine weitere, allerdings seltsame Abbildung (Frontispiz) bemerkenswert, die vor 1810 von Ludwig (auch: Luigi) Mayer hergestellt worden ist[14]. Im frühen 19. Jahrhundert arbeitete Mayer als Illustrator für Sir Robert Ainslie,

---

[6] J. Spon - G. Wheler, Voyage d'Italie, de Dalmatie, de Grèce et du Levant fait ann. 1675 et 1676 (1678), 325. Vgl. auch die frühe Abbildung bei J. Pitton de Tournefort, Voyage au Levant III (1717), 391. Danach Robert, ASR II, 58 Abb., Taf. 23.

[7] Zur mißverstehenden Deutung vgl. Falkener a.O. 121; Robert, ASR II, 57; Benndorf a.O. 108; Keil a.O. 32.

[8] Denkwürdigkeiten und Erinnerungen an den Orient II (1836), 95 f.

[9] Robert, ASR III, 3, 549 Abb. 47 d. Robert vereinigte das abgebrochene Fragment in einer Zeichnung mit der Vorderseitenplatte (Abb. 12). Danach Koch 1982, Abb. 418. Das Bruchstück, die Originalphotographie und ihr Negativ sind heute verschollen. F. Eichler lag jedoch noch eine Abbildung vor: Eichler N.BL. 368 ohne Datum.

[10] Prokesch von Osten, Erinnerungen aus Ägypten und Kleinasien II (1830), 286. Ders., Denkwürdigkeiten und Erinnerungen an den Orient II (1836), 96.

[11] Vgl. dazu unten S. 30.

[12] Michaelis 1882, 748 und Robert, ASR II, 58 geben das Datum mit 1819 an.

[13] Smith 78.

[14] Views in the Ottoman Dominion in Europe in Asia and some of the Mediterranean Islands from the Original Drawings taken for Sir Robert Ainslie by Luigi Mayer, London 1810, Taf. 37. Ein Reprint dieser

den damaligen englischen Botschafter bei der Pforte, und begleitete ihn auf seinen Reisen. Als Vorlage diente der Zeichnung das ‚Tor der Verfolgung‘ und seine figürlichen Reliefs. Vor dem Hintergrund der mächtigen Bastion stehen in größerem Abstand dazu vier langrechteckige Reliefplatten, die offenbar das Sujet eines links davon sitzenden Zeichners vorstellen. Ein anbei stehender Mann betrachtet die Szene und verweist das linke, kleinere Relief mit der linken Hand deutlich an den Torbau.

Die größere der beiden linken Platten ist ohne Schwierigkeit mit der Vorderseite des Achilleussarkophages Woburn Abbey (= ‚Ephesos A‘, Abb. 5 ff.) in Übereinstimmung zu bringen, obwohl einige Mißverständnisse in der Wiedergabe von Einzelheiten festzustellen sind [15]. Im zweiten, kleineren Relief könnte ein bislang unbekannt gebliebener und verschollener, attischer Erotensarkophag vorliegen [16]. Vergleicht man allerdings die Zeichnung des frühen 19. Jahrhunderts mit jenem Erotensarkophag (= ‚Ephesos D‘), der noch heute das ‚Tor der Verfolgung‘ schmückt (Abb. 1), so zeigt sich auch hier die Ähnlichkeit. Trotz einiger Eigenwilligkeiten findet sich die Aufeinanderfolge von vier charakteristischen Gestalten wieder. Die Tätigkeiten der Amorini sind jedoch nicht erkannt, ebensowenig wie die Umgebung des Geschehens. Beispielsweise ist die Psyche in einen Knaben verwandelt, der Traubenpflücker scheint über einen Gefährten zu hopsen. Der Korbträger ist in Verkennung eines Zweiges zu einem Werfer geworden. Die Weinranken und Trauben fehlen als Hintergrund, sodaß die auffallende Leere zwischen den Figuren entsteht.

Ohne Zweifel stellt daher diese Zeichnung die beiden attischen Sarkophage vom ‚Tor der Verfolgung‘ dar, obwohl der Erotensarkophag (Abb. 19) niemals aus der Fassade entfernt worden ist. Es ist damit zur Vermutung nicht weit, daß sich die Reliefs zum Entstehungszeitpunkt der vorliegenden Abbildung noch im architektonischen Verband befanden [17]. Und hierin kann die Ursache für die Ungereimtheiten in der Wiedergabe liegen: Die räumliche Distanz zwischen dem Zeichner und seinen Objekten, die ca. 12 m hoch in die Mauer eingelassen worden waren, erschwerte eine genauere Erfassung. Möglicherweise lag dem Beobachter aber weniger an der treffenden Aufnahme der Reliefplatten, sondern sein Interesse galt der bloßen Abbildung sehenswerter, antiker Gegenstände. Und um jene vorteilhaft im Bild darstellen zu können, nahm er Verfälschungen in Kauf.

Die Abbildung von Ludwig Mayer kann daher nicht als Dokument für die Abnahme des Achilleussarkophages in Anspruch genommen werden. Seine Fragmente gelangten jedenfalls in den Besitz des Duke of Bedford nach Woburn Abbey [18], wo sie nach Ausweis des ältesten Kataloges vor 1828 eingelangt waren [19], und wo sie sich bis heute befinden.

Alexander Conze erkannte schließlich die Herkunft des Exemplares Woburn Abbey aus Ephesos [20], rund vierzig Jahre nach seiner Entfernung aus dem ‚Tor der Verfolgung‘.

---

Abbildung zeigen C. Foss - P. Magdalino, Rome and Byzantium (1977), 9 Abb., allerdings mit einem falschen Zitat.

[15] Vgl. z. B. die eigenwillige Bildung des Troianers unter dem Pferd und das Fehlen des Wagenkastens sowie die Rüstung des Pferdehalters. Priamos erscheint als Frauengestalt, der im Hintergrund gegebene Krieger hat mit seinem nachdenklichen Vorbild nur wenig gemein. Achilleus trägt einen Helm, und seine linke, erhobene Hand ist ein Mißverständnis des anschließenden Helmträgers, dem zudem der Mantel fehlt. Die Wägung Hektors auf der Sarkophagrückseite ist in eine Aufbahrung verwandelt.

[16] Koch 1982, 428, 433 Nr. 65 a.

[17] Vgl. besonders die vollständige Darstellung von Hektors Leiche in der Abbildung, die seit der Abnahme des Achilleussarkophages dem Reliefbereich fehlt.

[18] A. Michaelis, ArchZtg 32 (1874), 68.

[19] Michaelis 1882, 748. Robert, ASR II, 58. Smith 80.

[20] A. Conze, ArchZtg 21/22 (1863/64), AA 1864, 211* ff.

Am Rande möchten wir noch auf eine Photographie hinweisen, die sich im Archiv des Österreichischen Archäologischen Institutes in Wien befindet (Abb. 4). Sie zeigt eine Skizze der Sarkophagplatten, die — der Beischrift entsprechend — aus einem „Skizzenbuch Wood's" stammen soll. Ich konnte diese Angabe jedoch nicht überprüfen. Es ist jedoch immerhin möglich, daß J. T. Wood auf die Achillreliefs aufmerksam wurde und sie zeichnete, zumal sie mit dem ephesischen Artemistempel in Zusammenhang gebracht worden waren.

### Die Beschreibung [21]

Der Achilleussarkophag (= ‚Ephesos A') ist aus drei großen, in Woburn Abbey befindlichen Platten und einem in Ephesos verbliebenen Fragment bekannt [22]. Nach der Zeichnung bei Choiseul-Gouffier (Abb. 2) waren die Sarkophagreliefs in dieser Reihenfolge von links nach rechts im ‚Tor der Verfolgung' eingelassen:

    a) die Vorderseite (Abb. 5),

    b) die linke Schmalseite (Abb. 6 f.),

    c) die Rückseite des Sarkophages (Abb. 8 f.).

Der nach außen laufende Krieger am linken Ende der Vorderseite und die beiden zur rechten Nebenseite gehörigen Gestalten waren über Eck vermauert und daher nicht sichtbar. Dies trifft auch für den rechten Abschluß der Rückseite zu. Demnach ist der Sarkophagkasten auseinandergebrochen worden, bevor er in die Fassade eingesetzt wurde. Vermutlich gingen bei diesem Vorgang das rechte Viertel der Rückseite und die linke Hälfte der rechten Schmalseite verloren [23].

Die linke Szene der Vorderseite [24] (Abb. 10) bestimmt der sich nach links bewegende

---

[21] Den folgenden Ausführungen liegen Photographien des Warburg Institute, London und des Forschungsarchivs für Römische Plastik, Köln, zugrunde.

Die Anfertigung von Negativen für das Deutsche Archäologische Institut veranlaßte F. Matz, vgl. C. Vermeule, AJA 59 (1955), 150.

[22] Michaelis 1882, 748, 750 kennt noch weitere, in Woburn Abbey deponierte Fragmente. Zwei davon sind heute wieder der Vorderseite angepaßt. Es sind dies der Panzer am Boden rechts von Achilleus sowie das Wagenrad mit dem Beinrest des Hektor. Das dritte, ein „foot fastened to the ground", ist offenbar nicht mehr nachzuweisen, jedoch bei Michaelis a.O. Abb. III rechts abgebildet (Hinweis H. Oehler).

[23] Weiterhin ist durch den Einfluß von Wind, Regen und Pflanzenbewuchs die Marmoroberfläche verwaschen und korrodiert.

Nach Angaben von Smith 76 und Michaelis 1882, 732 stammt der Marmor aus Paros oder „gleicht dem pentelischen von geringerer Sorte" (A. Michaelis, ArchZtg 32 (1874), 70). Spuren einer Verklammerung sind nicht zu erkennen, doch konnte jene an attischen Sarkophagen auch unterlassen werden: G. Rodenwaldt, JdI 45 (1930), 132 Anm. 1. Koch 1982, 371 f.

[24] Beschädigungen:

Es fehlt durchgehend der untere Reliefbereich. Vom Krieger links sind die Beine abgebrochen sowie der rechte Unterarm. Der noch erkennbare Ansatz läßt den ehemals hochgereckten, linken Arm deutlich werden. Rechts folgt die Bruchkante zur linken Schmalseite. Der Meißelarbeit sind hier ein Teil des Pferdekopfes und die Vorderläufe zum Opfer gefallen. Vom Jüngling mit der phrygischen Mütze darunter sind der verwaschene Kopf und ein Teil der linken Schulter erhalten.

Die Leiche Hektors ist bis auf die beiden Unterschenkel weggebrochen. Weiterhin fehlen die Füße und der rechte Arm des anschließenden Kriegers. Der Rand beider Schilde in diesem Bereich ist bestoßen.

Dem zweiten Pferdeführer fehlt der linke Unterarm. Ebenso sind die Arme des Mannes im Wagenkasten schlecht bzw. nicht erhalten. Der Wagen ist nur noch teilweise in Rad und Kasten erkennbar.

Pferdewagen[25]. Das Tier bäumt sich im Geschirr auf und wird vielleicht vom links anschließenden Krieger am Zügel gefaßt. Jener ist mit Helm, Panzer und *pteryges* bewehrt; um die Schulter ist ein Mantel geworfen, der an der rechten Seite geheftet ist. Das Schwert ruht in der rechten Armbeuge, wie dies die folgende Schmalseite (Abb. 6) erkennen läßt. Der zunächst anschließende und in gleicher Weise gerüstete Krieger scheint ebenfalls mit dem scheuenden Pferd beschäftigt zu sein[26], wenn sein ausgestreckter, rechter Arm diese Deutung zuläßt. Er bewegt sich nach links und wendet den Kopf zurück.

Der Wagen ist deutlich in Halteriemen, Deichsel, Wagenkasten und Rad unterschieden. Auf ihm steht eine vom Rücken gesehene, bis auf das Wehrgehänge nackte Gestalt. Sie hält mit der linken Hand vermutlich den von innen oder im Profil gegebenen Schild und blickt nach unten, vielleicht auf Hektor[27].

Unter dem Pferd hockt ein Knabe, der durch seine phrygische Mütze als Troianer gekennzeichnet ist[28]. Geduckt beobachtet er zurückgewandt das Geschehen um den Leichnam des Hektor. Jener liegt der Länge nach im Vordergrund, ehemals mit dem Kopf nach links (Abb. 12). Das große Sockelfragment dieser Langseite hat einige Gewandfalten erhalten, die zu einem Mantel des Hektor zu zählen sind. Das linke Bein der Leiche hat ein nach rechts ausschreitender Grieche am Fußgelenk aufgenommen, um den Sohn des Priamos vom Wagen wegzuzerren, sodaß die Arme am Boden schleifen[29]. Neben den bekannten Bestandteilen der Rüstung zeigt dieser Krieger eine ‚Feldherrnbinde'[30]. Auffallend ist weiterhin die besonders geschmückte Leistenlinie seines Kürasses. Über die linke Armbeuge ist ein Mantel gelegt.

Im Hintergrund wird ein weiterer Bewehrter sichtbar, der auf eigenartige Weise einen Schild vor sich herträgt. An die Schleifszene schließt bruchlos ein zweites Bild[31] (Abb. 11): Priamos steht vor Achilleus und bittet ihn um die Leiche seines Sohnes Hektor. Der alte Mann ist in Untergewand und Mantel gekleidet, den er über den gesenkten Kopf gezogen hat. Sein bärtiges Gesicht zeigt eingefallene Züge. In der linken Hand hält Priamos einen knorrigen Stock, mit der rechten greift er flehend und sachte an den rechten Unterarm des Helden.

In deutlichem Gegensatz zu der trauernden, gebückten Miserabilität des Greises steht Achilleus aufrecht und breit gegeben, ihn um mehr als Haupteslänge überragend. Ein Mantel bedeckt Brust und Schultern und ist an der rechten Seite geheftet. Über dem Panzer führt das Schwertgehänge zur linken Hüfte. Bemerkenswert sind noch die

---

[25] Vermutlich ist an eine *biga* gedacht, wobei nur ein Pferd zur Ausführung gelangte. Vgl. Conze, AA 1864, 212*.

[26] Robert, ASR II, 59: „... löst die um die Deichsel geschlungenen Zugriemen". Smith 72.

[27] Zwischen diese Figur und die links anschließende setzt Tournefort irrtümlich eine weitere Gestalt. Vgl. die Abbildung in Robert, ASR II, Taf. 23. Smith 72.

[28] Robert, ASR II, 59: „... er ist wohl verwundet zu denken und dient gleichermaßen zur Ausfüllung des Raumes und zur Andeutung des Schlachtfeldes". Michaelis 1882, 750: „... perhaps one of the twelve youths who were to be sacrified to avenge Patroclos".

[29] Die Arme waren vielleicht an den Handgelenken gefesselt. Vgl. Robert, ASR II, 59.

[30] Vgl. Koch 1982, Abb. 414.

[31] Beschädigungen:
Priamos fehlen die Füße und der rechte Unterarm, desgleichen die Füße an Achill sowie dessen linker Arm. Der Figur im Hintergrund ist ein Stück der rechten Hand weggebrochen. Der auf dem Boden liegende Panzer ist noch in einem Rest vorhanden. Beschädigt sind außerdem die Unterarme des Helmträgers, sein Genital und das Attribut. Ihm, wie der zunächst nach rechts folgenden Figur, fehlen die Füße, der äußeren Gestalt zudem der linke Unterschenkel und Teile beider Arme.

Fellstiefel[32]. Achilleus wendet seinen barhäuptigen Kopf leicht zur Seite, doch blickt er
Priamos nicht an. Im Gegenteil wehrt er ihn mit einer Geste des rechten Armes ab, wobei
die Hand mit der Innenfläche nach außen vor die Brust gelegt ist. Möglicherweise hielt
der erhobene, linke Unterarm eine Lanze.

Hinter dem Greis steht ein gerüsteter Grieche, der sich mit dem rechten Arm auf
seinen Speer stützt[33]. Seiner sinnenden Grundstimmung entspricht der leicht gesenkte
Kopf, dessen korinthischer Helm in den Nacken geschoben ist. Das Kinnband hebt sich
ab.

Rechts der Beine des Achilleus liegt ein Panzer auf dem Boden. Die Auseinandersetzung zwischen Priamos und Achilleus beobachtet von rechts ein Jüngling in leichter
Ponderation. Bis auf eine *chlamys*, die entlang seines Rückens zu Boden fällt, ist er nackt.
Seine erhobenen Hände halten in besonderer Gestik einen vermutlich korinthischen Helm
hoch. Diesem Helm, dem am Boden liegenden Panzer und dem so merkwürdig getragenen
Schild, dem ein weiterer hinter der rechten Randfigur beigegeben ist, kommen offenbar
bestimmte Bedeutung zu[34].

In gleicher Weise wie die linke Bildseite wird das Relief auch rechts durch das Motiv
des nach außen laufenden und dabei zurückblickenden Kriegers geöffnet.

Die Dekorelemente des Sarkophagkastens gleichen einander in Motiv und Machart
an Vorder- und linker Schmalseite. Der basisartig gebildete Sockel zeigt eine Schmuckzone,
die von zwei glatten Leisten gerahmt wird (Abb. 12). In nur gering eingetieftem Relief
ist jene mit einer dichten, floralen Arabeske ornamentiert, die — von einem Mittelmotiv
ausgehend — sich nach beiden Seiten rankt. Dem Fragment der Vorderseite folgend
waren keine Eckpostamente im Sockel vorhanden. Den oberen Abschluß des Kastens
bilden ein undekorierter Rundstab, ein Blattkyma und die mit einem Rankenwerk geschmückte Deckleiste. Rundstab und Welle werden großflächig vom Figuralrelief überschnitten.

Die Darstellung der linken Schmalseite[35] (Abb. 6 f.) zeigt einen Moment der homerischen Erzählung, der zeitlich vor den Geschehnissen der Vorderseite anzusetzen ist[36]:
die Betroffenheit des Achilleus angesichts des Todes von Patroklos[37]. Der Pelide sitzt
nach links auf einem mit Fellen belegten Stuhl, dessen Beine in Löwentatzen auslaufen.
Um Hüften und Beine ist ein Mantel geschlungen. Mit der linken Hand stützt sich Achill
auf, die rechte fährt in einer Gebärde der Verzweiflung an die Stirn des leicht geneigten
Hauptes. Der hinter ihm stehende Gefährte legt mitfühlend die Hand auf seine Schulter.
Gleichzeitig blickt er — die rechte Hand erschrocken an den Mund führend — nach links,
hin zu dem mit einer *chlamys* bekleideten Griechen, der auf seinem Rücken die nackte,
schlaffe Leiche des Patroklos herbeibringt. Der Träger umfaßt hinter seinem Rücken den
Toten um den Brustkorb, sodaß die Arme unnatürlich vom Körper der Leiche wegge-

---

[32] Vgl. H. Gabelmann, BJB 179 (1979), 786.

[33] Robert, ASR II, 59: „... Doryphoros des Achilleus ...".

[34] Vgl. dazu unten S. 27.

[35] Beschädigungen:
    Von Patroklos fehlen beide Unterschenkel sowie der linke Unterarm. Sein Träger ermangelt des linken
    Unterschenkels. Vom nächstfolgenden Krieger sind die Hände bestoßen und verwaschen. Dem zweiten,
    gerüsteten Griechen fehlt der rechte Unterarm. Mit der rechten, unteren Ecke dieser Sarkophagseite ist
    das rechte Stuhlbein abgebrochen. Die unklare Marmoroberfläche gleicht jener der Vorderseite.

[36] In der Zeichnung bei Choiseul-Gouffier (Abb. 2) ist an der Bruchlinie zwischen Vorder- und linker Schmal-
    seite ein frei ergänztes Gefäß eingetragen.

[37] A. Conze, ArchZtg 21/22 (1863/64), AA 1864, 212*. Michaelis 1882, 749. Robert, ASR II, 59 f. Smith 71.

drückt werden. Dadurch, sowie durch die seltsame Gebrochenheit im Oberkörper entsteht der Eindruck ihrer Leblosigkeit.

Vor dem Toten schreckt ein gerüsteter Krieger nach rechts, die rechte Hand in der bekannten Gebärde vor den Mund legend. Um seinen Küraß ist eine ‚Feldherrnbinde‘ geknotet, das Schwert ruht in der linken Armbeuge. Zu seinen Füßen liegt ein Panzer. Eine ähnliche Gestik des rechten Armes ist für den nächstfolgenden Gefährten anzunehmen[38]. An ihm sind die Fellstiefel und der über den Panzer geführte Mantel bemerkenswert. Seine erhobene, linke Hand hält den Speer.

Das Fragment der rechten Nebenseite (Abb. 13 f.) unterscheidet sich von den beiden Sarkophaghauptseiten zunächst durch die geringere Beachtung, die die Formelemente des Kastens gefunden haben. Der Sockel trägt statt des verschlungenen Rankenwerks eine einfache, wohl gegenständige Blattgirlande[39]. Das obere Ornament gleicht zwar jenem der Vorderseite, doch läßt es die Genauigkeit der Ausführung vermissen. So sind die Blätter zwischen Pferdekopf und linkem Krieger nachlässig ausgeführt, der Rundstab und der Reliefgrund dort nicht geglättet. An der Deckleiste läßt sich ähnliches nicht erkennen.

Von der Reliefgestaltung dieser Nebenseite hat sich die rechte Hälfte erhalten[40] (Abb. 13). Zwei Krieger sind auf eine, einst links von ihnen gegebene Szene hin orientiert. Im Gegensatz zu ihrem vollständig gerüsteten Gefährten kleidet die rechte Figur nur *chlamys* und Stiefel. Mit der rechten Hand hält sie ein Pferd am Zügel, der linke Arm umfaßt einen Lanzenschaft.

Zwei Besonderheiten handwerklicher Art charakterisieren die Reliefbildung: Sie ist in der Anlage vereinfacht, und Einzelheiten sind nicht fertig ausgearbeitet[41]. Beides ergibt sich aus einem Vergleich mit der Vorderseite. Anders als dort verstellt hier nicht eine dichte Figurenmauer den Reliefgrund. Der geringen Relieftiefe versuchen die breit angelegten Gestalten entgegenzuwirken, wie besonders ein Vergleich der beiden frontal stehenden, nackten Figuren an Vorder- und rechter Nebenseite verdeutlicht. Dennoch bleiben vergleichsweise große Partien des Reliefgrundes frei.

Hinzu tritt die geringe Qualität in der Differenzierung der Detailzeichnung, was beispielsweise an Helm, *pteryges* und der Leistenlinie des Panzers am gerüsteten Krieger ins Auge fällt. Während die Mähne des Pferdes an der Vorderseite in kleine Haarbüschel aufgelöst ist, gleicht das Gegenstück an dieser Schmalseite einem Kamm. Im Vergleich zu den Sarkophaghauptseiten sind überdies die Gewänder flach und unplastisch gebildet.

Schließlich ist noch ein weiteres Kennzeichen der Unfertigkeit zu nennen. Vor allem im unteren Reliefbereich, aber auch um den Pferdekopf begleiten Bohrlinien die Konturen. Abb. 14 führt vor Augen, daß der Reliefgrund offenbar nicht vollständig ausgehoben wurde[42], besonders wenn man die gegenüberliegende Schmalseite danebenstellt.

---

[38] Anders: Smith 71.

[39] Nach Robert, ASR II, 58 eine „Eichengirlande“.

[40] Beschädigungen:
Von der rechten Figur sind der obere Teil der Lanze und das Genital weggebrochen. Der zweiten Gestalt fehlen der rechte Arm sowie ein Teil der *pteryges*. Die Marmoroberfläche hat sich besser erhalten, weil sie eingemauert vor korrodierenden Einflüssen geschützt war.

[41] Michaelis 1882, 751. Robert, ASR II, 58. Smith 72.

[42] Vgl. den von Wiegartz 1974, 354 festgestellten Ablauf der Arbeitsgänge bei der Produktion eines attischen Reliefsarkophages.

In wiederum anderer Weise unterscheidet sich die Rückseite[43] (Abb. 8 f.) von den übrigen Platten. Wie an der Vorderseite sind zwei Szenen nebeneinandergestellt. Links sitzt Andromache auf einem Stuhl. Sie ist in *chiton* und Mantel gekleidet, den sie trauernd über den Kopf gezogen hat. Mit der rechten Hand stützt sie sich auf, der linke Fuß ruht auf einem Schemel. Vor ihr steht ebenfalls in bedrückter Haltung eine troianische Dienerin in *chiton* und mit phrygischer Mütze. Beide sehen hilflos dem Geschehen zu: Odysseus, an *pilos* und *exomis* kenntlich, führt Astyanax, den Sohn des Hektor und der Andromache, weg, um ihn zu töten. Der Grieche hält das Kind am linken Unterarm fest und eilt mit ihm nach rechts, wobei er sich noch einmal umblickt. Der langgekleidete Knabe ist durch seine phrygische Kappe als Troianer gekennzeichnet.

Daran schließt unmittelbar ein weiteres Bild. Etwa die Mitte der Rückseite nimmt eine große Waage ein, deren linke Schale den Leichnam Hektors trägt. Das Gegengewicht bildet rechts vermutlich ein Metallbarren, dessen Umrisse deutlich zu erkennen sind. Hinter Hektor steht eine Frau in *chiton* und Mantel mit auffallenden Alterszügen im Gesicht[44]. Ihr linker Unterarm ist in einen Mantelbausch gewickelt, die rechte Hand dem Kinn nahegebracht. Vor ihr bringt ein Troianer auf seiner linken Schulter einen Küraß herbei. Durch langärmeliges Hemd, Hose[45] und die phrygische Mütze ist er von den Griechen unterschieden. Es folgt ein weiterer, allerdings gerüsteter Troianer[46].

Von der anschließenden Gestalt sind der gekrümmte, in einen Mangel gehüllte Rücken und die Ferse des linken Fußes erhalten geblieben. Zur Rückseite zählt schließlich noch ein Reliefrest, der sich über Eck zur linken Schmalseite des Sarkophages bewahrt hat (Abb. 9): ein erhobener, linker Unterarm ist zu erkennen, der eine Lanze umfaßt.

Diese Langseite ist stärker als die rechte Nebenseite im Sinne eines geringeren Arbeitsaufwandes vernachlässigt. Sofort fällt die kleine Dimension des oberen Profiles auf (Abb. 8), das zudem nicht geschmückt ist. Der Rundstab fehlt. Ebenso geringe Beachtung fand die schmale Binnenzone des Sockels.

Entsprechend der geringen Relieftiefe sind die Figuren- und Gewanddetails flach gezeichnet. Dennoch sind auch nur gering vortretende Partien, wie z. B. der untere Gewandbereich der alten Frau oder die Hose des Troianers, mit einer Binnenzeichnung versehen. Unfertigkeit möchte man der Rückseite daher nicht bescheinigen. Die einzelnen Figuren überschneiden in geringem Maße das obere Profil, zwischen ihnen wird in größeren Flächen der Reliefgrund sichtbar.

Dem Achilleussarkophag Woburn Abbey sind somit drei unterschiedliche Bearbeitungsweisen eigen[47]. Rückseite und rechte Schmalseite erweisen sich — wenn auch auf unterschiedliche Weise — von vornherein als mit geringerer Sorgfalt angelegt[48] und ausgeführt, eine an attischen Sarkophagen häufig zu beobachtende Erscheinung[49].

---

[43] Beschädigungen:
   Es fehlen das rechte Viertel des Reliefs sowie ein Teil des Sockels. Die Marmoroberfläche ist stark abgerieben. Kleinere Beschädigungen zeigen das Gesicht Hektors, das linke Stuhlbein, das Gesicht der Dienerin und im linken Bereich das obere Profil.

[44] Nach Conze a.O. 212*, Michaelis 1882, 751, Robert, ASR II, 60 und Smith 76 handelt es sich um Hekabe. Auf ihrer Stirn erkennt Robert a.O. ein Stirnband.

[45] Anders Michaelis 1882, 751: „... in chiton und Hose ...". Smith: „... short tunica ...".

[46] Robert, ASR II, 60: „... Doryphoros des Priamos ...".

[47] Koch 1982, 369.

[48] Wiegartz 1974, 356: „... daß mit dem Beginn der Bearbeitung die Entscheidung gefallen war, welche Seiten tief und sorgfältig als Hauptseiten, und welche flach und flüchtig als Nebenseiten gestaltet werden sollten ...".

[49] G. Rodenwaldt, JdI 45 (1930), 124 f. Anm. 3. Ders., JHS 53 (1933), 182 Anm. 10. F. Eichler, Öjh 36 (1946),

**Die Ergänzung**

Für den Achilleussarkophag Woburn Abbey ist ein Klinendeckel vorauszusetzen, der vermutlich zwei Figuren getragen hat[50].

Die rechte Nebenseite wird auf Grund der typologischen Verwandtschaft ihrer beiden Gestalten mit jenen der Schmalseite Paris[51] überzeugend auf die „Rüstung des Achill" gedeutet[52]. Das Exemplar Paris kommt unserem Sarkophag auch zeitlich nahe, sodaß ein Anhaltspunkt für eine Vervollständigung gegeben ist[53].

Die noch erhaltenen Reliefreste vom rechten Bereich der Rückseite geben bereits den Hinweis auf einen Achill-Priamos-Gruppe. Hier findet die Vermutung ihren Beleg in einem Gemälde aus dem 2. Jahrhundert n. Chr.[54], das die Wägung der Leiche Hektors mit der *proskynese* des Priamos verbindet. Die ältere Gestaltung dieses Themas gibt eine Silberoinochoe späthellenistischer Zeit[55]. Die literarische Vorlage für die Abbildung ist in einer dramatischen Fassung der homerischen Episode durch Aischylos zu suchen[56].

## ÜBER DIE ERZÄHLWEISE ATTISCHER RELIEFSARKOPHAGE

Das Exemplar Woburn Abbey stand bisher recht „isoliert" unter den themengleichen, attischen Sarkophagen. Im folgenden soll daher versucht werden, es innerhalb einer Monumentreihe zu begreifen.

Für das 2. Jahrhundert n. Chr. geben drei typologisch weitgehend idente Sarkophage in Adana, Beyrouth und Ladochori[57] die älteste an attischen Sarkophagen erhaltene Bildfolge der Schleifung und Auslösung Hektors wieder. Im weiteren bezeichnen wir sie

---

HB 84 f. E. Simon, JdI 85 (1970), 206. Dagegen H. Gabelmann, Die Werkstattgruppen der oberitalischen Sarkophage (1973), 35. Vgl. auch Himmelmann-Wildschütz 26 Anm. 16 und E. Simon, AA 1979, 38.

[50] Koch 1982, 372 f.

[51] Robert, ASR II, 42 Kat. 26 Taf. 17. Giuliano - Palma Taf. 29, 70.

[52] A. Conze, ArchZtg 21/22 (1863/64), AA 1864, 213*. A. Michaelis, ArchZtg 32 (1874), 70. Robert, ASR II, 60. Smith 71. F. Brommer, Denkmälerlisten zur griechischen Heldensage II (1974), 71 Nr. 11, 2. Wiegartz 1975, 200 Anm. 229. Koch 1982, 385.
Anders: Michaelis 1882, 749: „... the arming of Patroclos ...".
Zur Gestaltung dieses Themas auf attischen Sarkophagen vgl. unten S. 27.

[53] Robert, ASR II, 60. Smith 71. Wiegartz 1975, 201 f.

[54] M. Dunand, BMusBeyr 18 (1965), 29 ff. Abb. 4 Taf. 15. LIMC I (1981), 152 Nr. 674 Abb. Koch 1982, 389 Anm. 92.

[55] K. Lehmann-Hartleben, AJA 42 (1938), 90 ff. Abb. 3 Taf. 13.
Bisher abschließend verfolgt M. Hengel, Achilleus in Jerusalem, SitzberAKHeidelberg 1982, 20 ff. die Ikonographie der Wägung Hektors.

[56] Der dritte Teil der Trilogie „Die Phryger", ed. J. G. Droysen (1884), 411 ff. H. J. Mette, Die Fragmente des Aischylos (1959), 86 ff. Nr. 242 ff.
Zusammenfassend: D. Kemp-Lindemann, Darstellungen des Achilleus in der griechischen und römischen Kunst (1975), 108. LIMC I (1981), 148, 833 Nr. 2 Taf. 664. P. Linant de Bellefonds, AntK 25 (1982), 135. H. Kenner, Die Archäologie des Dionysostheaters in Athen. Zur Achilleis des Aischylos, Öjh 1986.

[57] Adana: LIMC I (1981), 142 Nr. 618, 155 Nr. 690. Koch 1982, 388. Beyrouth: Chéhab 21 ff. Nr. 954 Taf. 8 ff. LIMC I (1981), 143 Nr. 620, 155 Nr. 694. Koch 1982, 386 ff. Abb. 415, 419. Ladochori: H. Froning, Marmor-Schmuckreliefs mit griechischen Mythen (1981), 160 Anm. 17. Koch 1982, 388. Ders., JbBerlMus 25 (1983), 6 Anm. 7. Ders., MarbWPr 1984, 42. I. Vokotopoulou, Deltion 30, 1975 (1983), 211 f. Taf. 119 f.
Zu weiteren Fragmenten vgl. Koch 1982, 388 Anm. 77.

als Bildtypus Adana (Abb. 15), zumal uns dieses Beispiel als das älteste, das Exemplar Ladochori als das jüngste erscheint[58].

Für die Langseite Adana sind drei Einzelszenen aneinandergereiht: Von links nach rechts folgen dem Eselskarren mit den *lytra hectoris* der Streitwagen mit der Leiche Hektors und die *proskynese* des Priamos vor Achilleus. Die von Carl Robert vertretene Deutung des Bildtypus Adana[59] geht davon aus, daß gleichzeitige Vorgänge oder Ereignisse im Rahmen einer Langseite zur Darstellung gebrachte werden sollten: Achilleus ist soeben vom Wagen abgestiegen, nachdem er die Leiche Hektors um das Grabmal des Patroklos geschleift hat[60]. Sein Lenker Automedon ist mit zwei Knechten noch beim Abschirren des Gespannes beschäftigt, als sich im Zelt des Achilleus Priamos auf die Knie wirft[61] und der Wagen mit den Geschenken entladen wird[62].

Wie der Vergleich mit den entsprechenden Textstellen der Ilias bereits nahelegt, birgt der Bildtypus Adana eine zu große zeitliche Vielfalt, als daß er im Sinne Roberts ausgelegt werden könnte. Dennoch bestünde weiterhin die Möglichkeit einer nicht erhaltenen, anderen literarischen Quelle, etwa in der Art einer Überarbeitung des homerischen Stoffes, die der Zusammenstellung der drei Motive zugrunde liegen könnte.

Methodisch geht ein solcher Interpretationsversuch vom Sarkophagbild aus, das mit einem möglichst gleichwerten Geschehen eines Textes in Übereinstimmung gebracht werden soll. Während jedoch ein Text zumeist aus einer additiven Folge in sich simultaner Ereignisse besteht, besitzt ein nach seiner Vorlage gestaltetes Bild den Charakter des Ausschnittes oder Auszuges und damit notwendig der Verkürzung[63]. Für sein Verständnis muß die Kenntnis des gesamten Textes vorausgesetzt werden[64]. Soweit die Intention einer Abbildung darin beruht, möglichst vielschichtig oder wenigstens verständlich eine bestimmte Begebenheit der literarischen Vorlage vor Augen führen zu wollen, kann daher auf Kriterien wie Einheit von Zeit und Ort verzichtet werden. Die Reflexion des Betrachters wird vorausgesetzt, der „das Ganze des Inhalts im Blick hat" und damit die Fähigkeit besitzt, heterogene, aber gleichwohl im Bildfeld verbundene Szenen und Details ihrem jeweils richtigen Platz innerhalb einer Erzählung zuzuweisen.

Der Versuch, ein Bild lediglich unter dem Aspekt eines Textes zu betrachten, läßt somit das Besondere und Eigenartige seiner Gestaltung außer acht.

Wenden wir uns kurz von der Bildinterpretation ab, um Herkunft und Typologie der für die Langseite Adana verwendeten Bildmotive sichtbar werden zu lassen. Die Durchsicht der erhaltenen späthellenistischen und frühkaiserzeitlichen Darstellungen der Schleifung[65] und der Lösung[66] Hektors geben zu erkennen, inwieweit sich die Vorderseite

---

[58] Vgl. G. Koch, MarbWPr 1984, 42.
    Zum Problem des „Archetypus" vgl. G. Koch, DaM 1 (1983), 139 f.
[59] Robert, ASR II, 43. Danach LIMC I (1981), 142 Nr. 618, 147.
[60] Ilias XXIV, 15 f.
[61] Ilias XXIV, 477 ff.
[62] Ilias XXIV, 578 ff.
[63] W. Basista, Boreas 2 (1979), 35.
[64] N. Himmelmann-Wildschütz, Erzählung und Figur in der archaischen Kunst, AbhAkMainz 1967, 79 f.
[65] Kemp-Lindemann a.O. (Anm. 56) 176 ff. G. Koch, JbBerlMus 25 (1983), 11 Anm. 18.
    1. Megarischer Becher: Muse 1 (1967), 11 ff.
    2. Lampen: H. B. Walters, Catalogue of the Greek and Roman Lamps in the British Museum (1914), 133 Nr. 876 f. LIMC I (1981), 144 Nr. 633 f.
    3. Stuckreliefs: V. Spinazzola, Pompeji alla luce degli scavi nuovi di Via dell' Abbondanza (1953), 890 fig. 888 ff. LIMC I (1981), 142 Nr. 614.
    Anmerkung 66 (siehe Seite 21).

Adana innerhalb einer Bildtradition befindet; zudem wird das Besondere des Sarkophag-reliefs sichtbar.

Die Verbindung des Geschenkwagens mit der Unterwerfung des Priamos innerhalb eines Bildes ist schon auf älteren Denkmälern nachweisbar [67]. Als Ort der Handlung wird das Zelt des Achilleus [68] durch einen Aufbau, ein *peripetasma* oder Inventar angegeben. Zumeist abgewandt von der Bittszene folgt der Karren mit den Geschenken, wobei ein bis zwei Männer damit beschäftigt sind, ihn zu entladen [69]. Die Denkmäler der Kleinkunst und ein Mosaik reduzieren die Auslösung Hektors auf die *proskynese* des Prismos, ohne ihre Lokalität oder das Maultier anzugeben. Zumeist kniet Priamos vor Achilleus [70], manchmal steht er gebückt [71], einige Beispiele zeigen ihn am Boden sitzend [72]. Die Dar-stellungen des hellenistischen Silberbechers und der danach gestalteten Arretinischen Keramik, sowie einzelner Gemmen [73] kommen dem Sarkophagbild in diesem Abschnitt bereits nahe: Priamos kniet vor Hektor und küßt seine Hand [74]. Erst eine Modifikation

---

4. Tabulae iliacae: A. Sadurska, Les tables iliaques (1964), 37 ff. Nr. 2 Taf. 2, 47 ff. Nr. 6 Taf. 9, 67 ff. Nr. 12 Taf. 13. Helbig II[4] (1966), 116 ff. Nr. 1266. LIMC I (1981), 141 Nr. 608.

5. Silberoinochoe: K. Lehmann-Hartleben, AJA 42 (1938), 82 ff. Taf. 14. LIMC I (1981), 142 Nr. 616.

6. Gemmen: AGD I, 2, 125 Nr. 1350. A. Furtwängler, Die antiken Gemmen I (1900), Taf. 65, 49. P. Fossing, The Thorwaldsen Museum. Catalogue of the antique engraved gems and cameos (1929), 145 Nr. 904 f. Taf. 11. Zusammenfassend LIMC I (1981), 141 Nr. 607.

7. Gemälde: S. Aurigemma, La necropoli di Spina in Valle Trebba I—II (1960—1969), 458, 995 f. Abb. 1028 f. LIMC I (1981), 141 Nr. 609. Pompeji 1748—1980, I tempi della documentazione (1982), 138, 184.

[66] Kemp-Lindemann a.O. 180 ff.

1. Homerische Becher: U. Sinn, Die Homerischen Becher, AM 7. Beiheft (1979), 92 f. MB 23 ff.

2. Stuckreliefs: Spinazzola a.O. 893 f. Abb. 891 f., 895 Abb. 894. LIMC I (1981), 152 Nr. 675 f. Taf. 126.

3. Silberbecher: V. Poulsen, APl 8 (1968), 69 ff. Taf. 42 ff. H. Froning, JdI 95 (1980), 338 Anm. 50. LIMC I (1981), 154 Nr. 687 Taf. 127.

4. Arretinische Keramik: G. M. A. Richter, Ancient Italy (1955), Abb. 193 ff. H. Froning, JdI 95 (1980), 338 Anm. 50. Dies., Marmor-Schmuckreliefs mit griechischen Mythen (1981), 61 Anm. 20. LIMC I (1981), 154 Nr. 681 ff.

5. Gemälde: Spinazzola a.O. 1003 Abb. 1043 ff. LIMC I (1981), 152 Nr. 671 ff.

6. Mosaik: J. Alicu - C. Pop - V. Wollmann, Figured Monuments from Sarmizegetusa (1979), Abb. 459. LIMC I (1981), 153 Nr. 677.

7. Tabulae iliacae: Helbig II[4] (1966), 116 ff. Nr. 1266 (vgl. die Zeichnung bei O. Jahn, Griechische Bil-derchroniken (1873), Taf. 2) für Rom. Sadurska a.O. 37 ff. Nr. 2 für New York; 55 ff. Nr. 9 Taf. 11 (Jahn a.O. Taf. 3) für Paris; 65 ff. Nr. 12 Taf. 13 (Jahn a.O. Taf. 4). LIMC I (1981), 153 Nr. 679.

8. Pasten: AGD I, 3, 174 Nr. 3246 Taf. 312. Fossing a.O. 145 Nr. 906 Taf. 11.

9. Ringsteine: Furtwängler a.O. Taf. 43, 20; 58, 3; 65, 15. Richter a.O. Abb. 194. LIMC I (1981), 153.

[67] Vgl. die ilischen Tafeln, die Stuckreliefs und das Gemälde sowie die Homerischen Becher und das Silbergefäß (alle oben Anm. 66).

[68] Ilias XXIV, 471.

[69] Ausnahme: Spinazzola a.O. 895 Abb. 894.

[70] Spinazzola a.O. Abb. 891, Abb. 1043; Poulsen a.O. Taf. 42; Richter a.O. Abb. 193 f.; Sinn a.O. MB 23 ff.; Alicu u. a. a.O. Abb. 459; Sadurska a.O. Nr. 9, 12; AGD I, 3, Taf. 312; Fossing a.O. Taf. 11; Furtwängler a.O. Taf. 65, 15.

[71] Spinazzola a.O. Abb. 894.

[72] Furtwängler a.O. Taf. 43, 20; 58, 3. Sadurska a.O. Nr. 1.

[73] Siehe oben Anm. 66.

[74] Ilias XXIV, 478 f.

Für den Geschenkwagen der Sarkophage vgl. Spinazzola a.O. Abb. 893 f. sowie die tabula iliaca Sadurska a.O. Nr. 2. Das Motiv des dazugehörigen Trägers kennen die ilischen Tafeln, Sadurska a.O. Nr. 2, 12 wie das Gemälde Spinazzola a.O. Abb. 1044, allerdings in einer Dreiviertelvorderansicht.

des Sarkophagbildhauers scheint die Abwendung des Achilleus zu sein, in der dessen
Trauer um den eigenen Vater zum Ausdruck kommt[75].

Von der Lösungsszenerie getrennt wird die Schleifung Hektors auf älteren Denkmälern
durchweg als eigene Episode dargestellt[76]. Häufig vermitteln die troianischen Stadt-
mauern den Ort der Handlung[77] kurz nach dem Tode Hektors[78]. In jedem Fall ist das
Gespann in heftiger Bewegung gezeigt, als Lenker ist notwendig Achilleus anzunehmen,
wobei ihm manchmal ein Gefährte beigegeben ist[79].

Erst mit dem Sarkophag Adana ist die vergleichbare Szene in einen neuen Bildzu-
sammenhang gebracht, die Akzente haben sich jedoch verschoben. Pferde und Lenker
sind in ihrer Haltung beruhigt, und Angaben zur Lokalität des Geschehens fehlen.

Die drei attischen Sarkophage unterscheiden sich damit nicht durch eine grundlegende
Neuanlage der Motive von älteren Formulierungen, das faßbar Neue liegt in der Ver-
wendung      nachweisbarer      Bildvorlagen      zu      einer      bislang      nicht      gekannten
Zusammenfügung[80], die nicht im Sinne einer szenischen Einheit zu begreifen ist. Im
Bildtyus Adana ist hiebei kein Extrem gefunden, belegen doch etwa zeitgleiche attische
Sarkophage anderer Thematik ähnliches.

Zunächst ist die Darstellung des Hippolytosmythos auf zwei frühen Exemplaren in
Beyrouth und Istanbul[81] (Abb. 16) zu nennen. Die Langseite ist zweigeteilt: Links wird
Phaidra vorgestellt, gemeinsam mit Aphrodite und Eros, rechts dominiert — als Gegen-
stand ihrer Sehnsucht — die überproportional groß gegebene Gestalt des Hippolytos[82].
Er ist seinerseits innerhalb der ihm gemäßen Sphäre von Jagd und Trophäe gezeigt[83].
Dazwischen vermittelt die Amme, wenn sie sich von ihrer Herrin kommend an Hippolytos
wendet[84].

Weniger deutlich als die entsprechende der Achilleussarkophage läßt die Bildüber-
lieferung dennoch Verwandtes erkennen. Für die Szenerie um Hippolytos liegt ein um-

---

[75] Ilias XIX, 334 f. Ilias XXIV, 507. E. Friedell, Kulturgeschichte Griechenlands (1938), dtv 1981³, 75. Vgl.
die auch für attische Sarkophage zutreffende Textinterpretation bei W. Basista, Boreas 2 (1979), 5 ff.
G. Lippold, Antike Gemäldekopien (1951), 27. C. Robert, BerlWPr 50 (1890), 26.

[76] J. Overbeck, Die Bildwerke des thebischen und troischen Heldenkreises (1853), 453 f. Kemp-Lindemann
a.O. (oben Anm. 56) 172 ff.

[77] Wobei auch Priamos und Hekabe (Andromache?) angemerkt sein können: vgl. die Lampen im British
Museum und das Stuckrelief im ‚sacello iliaco‘ der ‚Casa Omerica‘, das Silbergefäß und die tabulae iliacae
(alle oben Anm. 65).
Ein anderer Zusammenhang findet sich auf der Rückseite eines frühen attischen Sarkophages in London,
ASR II, 31 ff. Nr. 23 Taf. 12. Kemp-Lindemann a.O. (oben Anm. 56) 173 f. LIMC I (1981), 143 Nr. 623.
G. Koch, JbBerlMus 25 (1983), 11 Anm. 18.

[78] Ilias XXII, 395 ff.

[79] Vgl. dazu das flavische Stuckrelief in Pompej, ebenso wie die ilischen Tafeln und das Silbergefäß aus Hoby
(alle oben Anm. 65).

[80] Es besteht natürlich weiterhin die Möglichkeit einer uns nicht bekannten, entsprechenden, älteren Bild-
kontamination.
Die Abhängigkeit mancher stadtrömischer Sarkophage von Bildschöpfungen attischer Werkstätten scheint
ein Achilleussarkophag zu zeigen, G. Koch, JbBerlMus 25 (1983), 23 und ders., MarbWPr 1984, 35 f.

[81] Beyrouth: Chéhab 45 ff. Nr. 447 Taf. 27 ff. Istanbul: ASR III, 2, 172 ff. Nr. 144 Taf. 44. Beide bei Koch
1982, 393.

[82] A. Kalkmann, ArchZtg 41 (1883), 74 ff.

[83] Vgl. die stadtrömische Urne Pourtalès-Gorgier, O. Jahn, Archäologische Beiträge (1847), 321 f. Abb. bei
Kalkmann a.O. Taf. 7, 2 und ASR III, 2, 194 sowie das Exemplar ASR III, 2, 192 ff. Nr. 159 Taf. 49 als
späte stadtrömische Nachfolger. Dazu Koch 1982, 153. Zum Unterschied in der Gestaltung des Hippolytosmythos auf attischen und stadtrömischen Sarkophagen vgl. G. Rodenwaldt, JdI 67 (1952), 36.

[84] Euripides, Hippolytos 565 ff.: Phaidra ist bei der Übergabe ihrer Botschaft an Hippolytos selbstverständlich
nicht anwesend.

strittenes Relieffragment aus dem 1. Jahrhundert n. Chr. vor[85]. Der linke Bereich der Langseite erweist sich als Verbindung des Typus der sitzenden Frau, wie ihn ein spät-hellenistischer Spiegel für Phaidra zeigt[86], mit einer Aphrodite-Eros-Gruppe, deren Vorbild ebenfalls gefunden werden kann[87].

Ein Achilleussarkophag in London[88] (Abb. 17) ist nur scheinbar einfacher zu bestimmen. Die Darstellung seiner Vorderseite ist singulär[89]. Eine Reihe von Sarkophagkästen aus dem 2. Jahrhundert n. Chr. zeigt die für diese Monumentgattung häufig verwendete Ikonographie der Entdeckung des Achilleus unter den Töchtern des Lykomedes[90]. Zumindest zwei von ihnen ist an einer Schmalseite jene im Mythos zeitlich vorangehende Szene beigefügt, die den Jüngling in Frauenkleidern und mit der Leier in der für ihn seltsamen Umgebung wiedergibt[91].

Diese beiden distinguierend[92] nebeneinandergestellten Bilder vereinigt die Langseite London[93] (Abb. 17). Während Achilleus „noch" sitzt und die Waffen bloß betrachtet, reagiert Deianeira „schon" auf den links gezeigten Trompeter Agyrtes, ebenso wie der rechts hinter Achill stehende Mann[94]. Ein Detail, wie das an den Stuhl gelehnte Saiteninstrument, stellt neben dem sitzenden Helden eine weitere Verbindung zu den genannten Schmalseiten her[95]. Typologische Vorlagen sind mir für diese Darstellung nicht bekannt[96].

Schließlich sind noch zwei Schmalseiten bemerkenswert, die die Rüstung des Achilleus zum Thema haben. Die ältere führt die linke Nebenseite des vorgenannten Achillsarkophages vor Augen[97]. Das Bild vereint wenigstens zwei zeitlich zu trennende Handlungen. Links arbeitet Hephaistos „noch" am berühmten Schild des Peliden, und „schon" gibt Thetis ihrem Sohn die neuen Rüstungsbestandteile, die der Held auch sogleich anlegt. Ein kurzer Blick auf die Ilias XIX, 10 ff. und 360 ff. vergegenwärtigt die zeitliche und räumliche Vielfalt des Bildes. In der Tradition sind zudem Übergabe und Rüstung noch getrennt ausgeführt[98].

---

[85] E. Bielefeld, JdI 69 (1954), 118 ff. Dazu L. Budde, Ein Achilleussarkophag aus Tarsus in Adana in: Festschrift für E. v. Mercklin (1964), 25 ff.

[86] EAA III (1960), 613 Abb. 740 s.v. „Fedra" (A. de Franciscis). H. Froning, JdI 95 (1980), 328 Anm. 26 Abb. 2.

[87] Vgl. zu Aphrodite, die Eros ein Ziel anweist, vor allem LIMC II (1984), 72 s.v. „Aphrodite" (A. Delivorrias u. a.), 72 f. Nr. 632 Taf. 62, 119 f. Nr. 1236 und Nr. 1222 Taf. 123.
Vgl. auch die Hinweise bei Kalkmann a.O. 74 Anm. 102, W. H. Roscher, Ausführliches Lexikon der griechischen und römischen Mythologie I (1884—1886), 1363 s.v. „Eros" sowie A. Furtwängler, AA 1890, 89. Furtwängler erkennt zudem den Zusammenhang dieser Gruppe mit dem euripideischen Hippoytos, 530 f. Vgl. auch Bielefeld a.O. 130 Anm. 13 und RAC VI (1966), 314, 318 s.v. „Eros" (A. Rumpf).

[88] ASR II, 31 ff. Nr. 23 Taf. 12.

[89] Wiegartz 1975, 200. LIMC I (1981), 62 Nr. 138 Taf. 71. Koch 1982, 383.

[90] Zuletzt von Koch 1982, 383 f. in der Gruppe I zusammengefaßt.

[91] Leningrad, Nsl: ASR II, 23 ff. Nr. 20 Taf. 6. Neapel, Nsr: ASR II, 29 f. Nr. 22 Taf. 10.

[92] Zu diesem terminus vgl. F. Wickhoff, Römische Kunst (Die Wiener Genesis), 1912, 13 ff.

[93] Dazu Robert, ASR II, 22, 32.

[94] Robert, ASR II, 32: „Odysseus". Koch 1982, 383.

[95] In gleicher Weise zu beurteilen sind: Paris, Nsl: ASR II, 41 Nr. 26 Taf. 16; O. Jahn, Archäologische Beiträge (1847), 364 f.; Koch 1982, 382 f. Beyrouth, Nsl: Chéhab 11 f. Taf. 3; Koch 1982, 384.

[96] Kemp-Lindemann a.O. (oben Anm. 56) 43 ff.

[97] ASR II, Taf. 11. Koch 1982, 387.

[98] Kemp-Lindemann a.O. (oben Anm. 56) 153 ff. F. Brommer, Vasenlisten III³ (1973), 369. LIMC I (1981), 126. Vgl. noch Wiegartz 1975, 198 Anm. 218, 200. Sinn a.O. (oben Anm. 66). LIMC I (1981), 122. G. Koch, JbBerlMus 25 (1983), 10.

Die linke Schmalseite des Sarkophages Ladochori A[99] zeigt die jüngere Gestaltungsweise[100], die bereits zu den Exemplaren des 3. Jahrhunderts führt[101]. Die Rüstung ist in den Vordergrund getreten, sie wird jetzt von drei Figuren vorgetragen.

Der Hippolytossarkophag in Istanbul (Abb. 16) zählt ebenso wie die Achilleussarkophage in Adana (Abb. 15) und London (Abb. 17) zu den ersten Beispielen attischer Werkstätten, die mythologische Erzählinhalte in ihre Bildfelder aufnehmen. Es sind dies Reliefgestaltungen, die in dieser Denkmälergattung keinerlei Vorläufer gehabt haben konnten und die mit der entsprechenden Bildtradition enge Verbindungen eingehen[102]. Unter dem Vorbehalt der lückenhaften Denkmälererhaltung liegt daher die Vermutung nahe, daß die an den genannten attischen Sarkophagen zu erkennenden, kompositionellen Varianten und die Zusammenstellungen älteren Bildmaterials innerhalb der Sarkophagwerkstätten vorgenommen wurden[103]. Es muß ihnen daher eine bestimmte, zeitgemäße Erzählweise zugrunde liegen. Eine Untersuchung hiezu auf größerer Basis kann die vorliegende Arbeit nicht leisten. Im folgenden sind einige Charakteristika der an den erwähnten Langseiten greifbaren Bildzusammenstellungen festgehalten, insofern sie für den Achilleussarkophag Woburn Abbey (Abb. 5) von Bedeutung sind. Auf die stadtrömischen Sarkophage, die die gleichen Inhalte verarbeiten[104], ist hiebei nicht Bezug genommen.

Die Langseite Adana (Abb. 15) verbindet zumindest zwei zeitlich und örtlich zu unterscheidende Szenen. Doch steht das Schleifbild nicht mehr für eine bestimmte Begebenheit. Es ist unmittelbar der Lösung Hektors verbunden[105] und dafür in seiner Gestaltung gegenüber älteren Denkmälern abgeändert. Als beruhigtes und allgemein gehaltenes Bild der Schändung führt es nunmehr Ursache und Gegenstand der daneben gezeigten Bitte des Priamos vor Augen. Der Wagenlenker muß damit nicht mehr unbedingt für Achilleus in Anspruch genommen werden, wie dies noch für die älteren Denkmäler der Fall ist, sondern er kann ebensogut irgendeinen Krieger, vielleicht Automedon, meinen[106].

Im Gegensatz zu der distinguierenden Darstellungsweise der *tabulae iliacae* versucht der Sarkophag Adana (Abb. 15) zwei Aspekte des Mythos innerhalb eines Rahmens zu vereinen. Das entstandene Bild weist damit über einen bestimmten Moment des Geschehens hinaus. Das mythologische Thema findet seinen Ausdruck nicht allein in einem besonders charakteristischen Konflikt oder einer bloßen Gegenüberstellung der Protagonisten, sondern einzelne Szenen und Details sind zu einer neuen Komposition gefügt[107]. Auf abgekürzte Weise und zum Teil lediglich andeutend wird damit der vorgegebene,

---

[99] I. Vokotopoulou, Deltion 30, 1975 (1983), 211 f. Taf. 120.

[100] Vgl. den linken Bereich der stadtrömischen Langseite Berlin, G. Koch, JbBerlMus 25 (1983), 8 Abb. 3.

[101] Z. B. Woburn Abbey, Nsr (Abb. 13) und den Sarkophag Paris, ASR II, Taf. 17.

[102] H. Froning, JdI 95 (1980), 323 f. Koch 1982, 454. Ders., DaM 1 (1983), 138.

[103] Himmelmann-Wildschütz 27. Sichtermann - Koch 10. Koch 1982, 389, 454.

[104] N. Himmelmann-Wildschütz, Der ,,Sarkophag" von Megiste, AbhAkMainz 1970, 7 f. Ders., Erzählung und Figur in der archaischen Kunst (1967), 74 f. Anm. 1, 78 f. Anm. 2.

[105] Vgl. die Bemerkungen bei K. Schefold, MEFRA 88 (1976), 788.

[106] Robert, ASR II, 39 Nr. 25 und 42 Nr. 26 an den Sarkophagen Paris und Rom. Vgl. auch Budde a.O. (oben Anm. 85) 13 und Chéhab 24 für die Exemplare in Adana und Beyrouth. Sichtermann - Koch 18. P. Linant de Bellefonds, AntK 25 (1983), 128 f.

[107] Vgl. z. B. die Angabe von Hermes und Briseis (?). Hermes weist über die Vorgänge im Zelt des Achilleus hinaus und steht für einen eigenen Handlungsbezug: Nach dem Willen der Götter hat er Priamos in das Lager der Griechen geführt und wird ihn auch wieder sicher zurück nach Troia bringen.
Vgl. dazu noch W. Basista, Boreas 2 (1979), 29 und P. Linant de Bellefonds a.O. 126 ff. (mit der Interpretation der Frauenfigur als Thetis).

inhaltliche Rahmen umfangreicher abgedeckt, als es ein einzelnes Bildmotiv vermag. Indem mehrere Handlungsverläufe in Erinnerung gerufen werden, erlangt das Sarkophagrelief eine Spannung, die über jene eines Momentes hinausreicht [108].

Den frühen attischen Sarkophagen ist daher nicht die zeitliche oder räumliche Einheit des Dargestellten, die zwingend der optischen zu folgen scheint [109], zugrunde zu legen, sondern nur der inhaltliche Kontext. Jener fordert die Verbindung bestimmter, aussagekräftiger Züge eines Themas [110].

Der Hippolytossarkophag in Istanbul (Abb. 16) stellt den im Mythos liegenden Konflikt zwischen dem Jäger und Phaidra in zwei statischen Bildern vor, die das jeweilige Umfeld durch deutliche Attribute erklären und kennzeichnen [111]. Für den Achilleussarkophag London (Abb. 17) ist ebenfalls kein „Augenblick der Darstellung" festzumachen [112], sondern zwei zeitlich divergierende Aspekte eines Themas, die auch als *topoi* getrennter Bilder ausgeführt werden können [113], sind auf der Langseite verbunden. In gleicher Weise ist die genannte Schmalseite dieses Sarkophages zu beschreiben.

Die damit vorgeschlagene Interpretationsmöglichkeit früher attischer Klinensarkophagbilder betrifft auch den umstrittenen Meleagersarkophag in Delphi [114]. Die unserer Vermutung nach richtige Deutung seiner Vorderseite konnte bereits Robert geben [115]. Während die rechte Jagdszene die Typologie des bekannten Sarkophages Athen wiederholt [116], spricht die linke Figurensequenz die Auseinandersetzung um das tote Tier zwischen den Brüdern der Althaia und Atalante an [117]. Das Exemplar Delphi ist mithin ein Beleg für die mögliche „Zweiszenigkeit" attischer Sarkophage [118], wenngleich diese Beschreibung das Eigentliche der Darstellung nicht trifft.

Wenn die Vermutung auch naheliegt, daß die Bildkompositionen attischer Sarkophage in ihren Werkstätten entstanden sind, so folgt daraus nicht, daß die zugrunde liegende Erzählweise nicht älter ist [119]. Sie kann jedoch nicht als „kontinuierende Dar-

---

[108] N. Himmelmann-Wildschütz, Erzählung und Figur in der archaischen Kunst (1967), 82.

[109] F. Wickhoff, Römische Kunst (Die Wiener Genesis), 1912, 15. N. Himmelmann-Wildschütz, AbhAkMainz 1970, 6.

[110] N. Himmelmann-Wildschütz, Erzählung und Figur in der archaischen Kunst (1967), 81.

[111] Anders N. Himmelmann, AnnPisa IV, 1 (1974), 154 zum Sarkophag Istanbul (oben Anm. 81).

[112] Anders: Wiegartz 1975, 200. Koch 1982, 383.

[113] Kemp-Lindemann a.O. (oben Anm. 56) 41 f., 44 f.

[114] C. Robert, ASR III, 3, 515 ff. Nr. 433 Taf. 137 f. Koch 1982, 399 f.

[115] ASR III, 3, 517.

[116] ASR III, 2, 277 ff. Nr. 216 Taf. 70. Koch 1982, 399.

[117] Ilias IX, 524 ff.

[118] ASR III, 3, 517. G. Koch, ASR XII, 6, 68, 141. Ders. 1982, 399.

[119] Die Einbeziehung von Hektors Leiche in die Lösungsszenerie kennen — wenngleich in anderer Typologie — bereits archaische, klassische und hellenistische Darstellungen: vgl. W. Basista, Boreas 2 (1979), 14 f. Kemp-Lindemann a.O. (oben Anm. 56) 181 ff. Innerhalb der oben in Anm. 65 f. angeführten Denkmäler zeigen dies die ilischen Tafeln, Sadurska a.O. Nr. 1, 12: drei (bzw. zwei) Griechen bringen die Leiche herbei. Vgl. A. Schober, Öjh 23 (1926), 62 ff. und A. Brüning, JdI 9 (1894), 156 ff.
Ebenso kann der Szene um Priamos und Achill bereits Hermes beigegeben sein: vgl. die Denkmäler bei Basista a.O. sowie die tabulae iliacae, Sadurska a.O. Nr. 2, 12 und Spinazzola a.O. Abb. 888.
Siehe dazu die Formulierung von W. Basista, Boreas 2 (1979), 29:
„Da dem Künstler nur dieser begrenzte Raum eines metopenartigen Feldes zur Verfügung stand und da er deswegen nicht einer additiv-detaillierten, friesartigen Erzählweise folgen konnte, war er gezwungen, von der Wiedergabe eines bestimmten Augenblicks abzusehen und unter Verwendung eines kompletiven und eklektischen Verfahrens aus dem literarischen Motiv die Summe zu ziehen und somit im Bild gleichzeitig vom Ganzen der Begegnung zwischen Priamos und Achill Kunde zu geben."
Basista folgt hier dem von Wickhoff a.O. (oben Anm. 92) 14 f. und Robert niedergelegten Begriff „kom-

stellungsweise"[120] bezeichnet werden, die für attische Sarkophage ohnehin selten angesprochen wird[121]. „Sie vermeiden es darüber hinaus, mythischen und menschlichen Bereich zu vermengen."[122] Das am Kasten vorgebrachte Thema bewahrt sein Eigenleben und wird vermittels mehrer Bilder in seinen hervorragenden Handlungsbezügen ausgeführt. Entweder erfolgt dies durch die Aneinanderreihung einzelner Szenen in distinguierender Folge auf mehreren Sarkophagseiten, oder zwei und mehr Aspekte des Mythos werden zu einem Bild verdichtet.

Aus den bisherigen Betrachtungen ergibt sich ein Ausgangspunkt für die Beurteilung des Achilleussarkophages Woburn Abbey (Abb. 5). Er gehört zu den wenigen attischen Exemplaren, für deren Deutung die „kontinuierende Darstellungsweise" angesprochen wird[123]. Die Darstellung seiner Vorderseite ist in mehrfacher Hinsicht ungewöhnlich. Sie zeigt die Leiche Hektors in Verbindung mit ihrem Freikauf durch Priamos. Die Szenerie erweist sich jedoch gegenüber den drei genannten Sarkophagen aus dem 2. Jahrhundert als um einige Akzente abgeändert und bereichert.

Zunächst fehlt der Geschenkwagen, dafür wendet sich das jetzt bewegte Rossegespann nach links. Sein Lenker ist bis auf Wehrgehänge und Schild nackt und vielleicht eben im Begriff, vom Wagen zu steigen. Der Krieger links davon erinnert entfernt an den Knecht des Sarkophages Adana (Abb. 15). Die Leiche Hektors ist vom Wagen gelöst, und jener Grieche, der mitunter für Achilleus in Anspruch genommen wird[124], zerrt sie

---

pletiv". Dieser geht davon aus, daß grundsätzlich ein Handlungsmotiv im Bild angestrebt wird, wobei zeitlich davor liegende und folgende Aspekte angemerkt werden (vgl. die Beschreibung des Troilosbildes bei Wickhoff a.O. 14).

In diesem Sinne beschreibt „komplettierend" durchaus eine behelfsmäßige Darstellungsart. Sie versucht — über jene, durch die Bildbeschränkung notwendig gewordene Verkürzung eines Inhaltes hinaus — eine möglichst andeutungsreiche und vielschichtige Wiedergabe eines Handlungsverlaufes zu erreichen. Grundlage dieses Gedankens bleibt weiterhin der „Moment" oder der „Augenblick" einer Darstellung, der lediglich erweitert zu werden braucht.

Vgl. dazu die Diskussion bei Himmelmann-Wildschütz a.O. (oben Anm. 108) 73 ff.: „...hieroglyphische Darstellungsweise...". Davon unterscheiden sich die genannten, frühen, attischen Sarkophagbilder in formaler Hinsicht. Sie sind offenbar stark von der älteren Ikonographie abhängig und bewegen sich zunächst in deren Rahmen. Daher ergeben sich so unterschiedliche Kompositionen, wie sie die Achilleussarkophage Adana und London, die Exemplare in Beyrouth und der Meleagersarkophag in Delphi zeigen.

[120] Wickhoff a.O. (oben Anm. 92) 11 ff. K. Weizmann, Hesperia 18 (1949), 159. E. Bielefeld, AA 1956, 29 ff. N. Himmelmann-Wildschütz, Erzählung und Figur in der archaischen Kunst (1967), 82. O. Schönberger, Philostratos. Die Bilder (1968), 37 f.
Zur „kontinuierenden Darstellungsweise" als Prinzip der Buchillustration: N. Himmelmann-Wildschütz, AbhAkMainz 1970, 7 f. K. Schefold, MEFRA 88 (1976), 760 ff. H. Froning, JdI 95 (1980), 324.

[121] N. Himmelmann-Wildschütz, Sarkophag eines gallienischen Konsuls in: Festschrift für F. Matz (1962), 114. Ders. a.O. (oben Anm. 108) 95 f. Anm. 2. Ders., AnnPisa IV, 1 (1974), 154. Ders., AbhAkMainz 1970, 9. K. Schefold, MEFRA 88 (1976), 770. Koch 1982, 377 f., 387 Anm. 67. P. Linant de Bellefonds a.O. (oben Anm. 106) 129.
Für die Sarkophage:
1. Neapel: Schefold a.O. 787. Dazu richtig Robert, ASR II, 30. Koch 1982, 383.
2. Delphi: Himmelmann-Wildschütz, AbhAkMainz 1970, 9 Anm. 2. Koch 1982, 377, 400 Anm. 12.
3. Woburn Abbey: Koch 1982, 377, 387, 400 Anm. 7, 403 Anm. 12.
4. Athen: Robert, ASR III, 1, 122 f. Nr. 99 Taf. 27. Koch 1982, 392.

[122] Himmelmann-Wildschütz 30. Ders., AbhAkMainz 1970, 8 f. Wiegartz 1975, 177 Anm. 99, 197. Gabelmann 27. Koch 1982, 371 f., 378, 417. H. Wrede, Consecratio in formam deorum (1981), 45 f.

[123] Vgl. oben Anm. 121.

[124] J. Overbeck, Die Bildwerke zum thebischen und troischen Heldenkreis (1853), 479. A. Michaelis, ArchZtg 32 (1874), 70. Ders. 1882, 750. Koch 1982, 377, 387. Kemp-Lindemann erkennt mit A. Conze, ArchZtg

nach rechts. Daneben steht Priamos einem aufrechten, gerüsteten Achilleus gegenüber. Dieser in einem weiteren Sinne verstandenen Lösung Hektors ist ein neuer Aspekt beigefügt. Allenthalben sind im Bildfeld Waffen vermerkt: Ein nackter Jüngling hält einen Helm hoch, daneben liegt ein Küraß auf dem Boden, rechts des Wagens wird ein Schild herbeigebracht und ein weiterer befindet sich am rechten Rand der Darstellung.

Im Vergleich mit den älteren Sarkophagen aus Adana (Abb. 15), Beyrouth und Ladochori wird deutlich, daß Woburn Abbey (Abb. 5) weder simultan zu beurteilen ist, noch eine kontinuierende Bildfolge meinen kann. Denn wie sie vereint er heterogene Erzählelemente in seinem Vorderseitenbild zu einer symmetrisch geschlossenen Komposition.

Die linke Szene ist so unspezifisch gehalten, daß sie mit einem bestimmten Vorgang des homerischen Textes nicht in Übereinstimmung gebracht werden kann. Darin folgt Woburn Abbey den älteren themengleichen Exemplaren. Und wie dort erläutert daher die Schleifung einem Betrachter das zweite, rechts danebenstehende Bild. Aber auch dieses ist jetzt weitgehend aus seinem Rahmen gelöst. Achilleus erweist sich in seiner Rüstung als Sieger über Hektor, soweit noch auf eine bestimmte Situation Bezug genommen werden soll. „Gleichzeitig" lehnt er den Wunsch des Priamos vorerst ab. Auf den entsprechenden Abschnitt des 24. Gesanges im Zelt des Peliden weist keine Andeutung mehr.

Die Rüstungsbestandteile sind nicht auf den ersten Blick zu deuten. Waffen spielen auch auf anderen Bildern attischer Sarkophage eine Rolle. Zunächst ist die Neurüstung des Achill zu nennen, die kurz vor jener Schlacht stattfindet, in der Hektor getötet wird[125]. Für das 2. Jahrhundert sind zu diesem Thema zwei Schmalseiten erhalten[126], zwei weitere gehören der Zeit nach dem „Stilwandel" an[127]. Weitere Beispiele illustrieren die Entdeckung des Achilleus auf Skyros[128]. Die Langseite Paris läßt den am Boden liegenden Panzer erkennen[129], das Exemplar Rom ergänzt diesen durch Beinschienen, Schild und Schwert[130]. In diesem Kontext bedeuten die Waffen die Geschenke des Odysseus und seine List gegenüber dem jungen Achill[131].

Als Unikat erscheint der ephesische Sarkophag, will man Conzes Deutung der Waffen folgen[132]. Er sieht in ihnen die Teile jener ersten, von Patroklos verlorenen Rüstung, die Achilleus der Leiche Hektors wieder nahm[133]. Für diese Interpretation kann m. W. keine Parallele beigebracht werden.

Die themengleichen Sarkophage des 2. Jahrhunderts geben den Hinweis auf eine mögliche Deutung. Der Bildtypus Adana zeigt Waffen, die man als Einsatz für die Leiche Hektors verstehen könnte: Der vom Rücken gesehen Troianer trägt einen Küraß

---

21/22 (1863/64), 212* in dem Wagenlenker Achilleus, Robert, ASR II, 59 dagegen in keinem Krieger des linken Abschnittes. Ihm folgt LIMC I (1981), 156 Nr. 706.

[125] Ilias XIX, 364 ff. Robert, ASR II, 39. Wiegartz 1975, 200.

[126] Siehe oben S. 23.

[127] Paris: ASR II, 42 Nr. 26 Taf. 17. Rom: ASR II, 38 f. Nr. 25 Taf. 15. Tyros: Chéhab 31 f. Nr. 328 Taf. 14. Koch 1982, 385.

[128] Zusammengestellt bei Koch 1982, 383.

[129] ASR II, Taf. 16.

[130] ASR II, Taf. 14.

[131] Vgl. die literarischen Quellen bei Kemp-Lindemann a.O. (Anm. 56) 39 f., z. B. Statius, Achileis I, 740 ff., 868 ff.

[132] Conze a.O. 212*. Danach Robert, ASR II, 59. Vgl. auch Smith 74.

[133] Ilias XVI, 129 ff., 799 ff.; XVII, 122 f., 188 f., 693; XVIII, 21, 130 ff.; XXII, 367 ff.

(Abb. 15), in den Wagen des Exemplares Beyrouth ist ein Schild geladen[134]. Der 24. Gesang der Ilias[135] bestätigt diese Vermutung allerdings nicht.

Wir möchten daher vorschlagen, die Waffen als Andeutung zu verstehen. Sie sprechen kein bestimmtes Geschehen an, sondern verweisen den Betrachter allgemein auf die Vorgänge um die Lösung Hektors im Lager der Griechen, wo der Rüstung des Achill eine besondere Rolle zukommt.

In Fortsetzung der am Sarkophag Adana festgestellten Tendenz zeigt die Langseite Woburn Abbey somit ein Bild, innerhalb dessen mehr oder weniger angesprochene Szenen und Details eine an Andeutungen reiche Vorstellung der Lösung Hektors ergeben[136]. Demgegenüber sind Kriterien, wie Einheit von Ort und Zeit der Darstellung in den Hintergrund gerückt[137]. Und nur als Ganzes kann die Langseite gedeutet werden. Für sich allein genommen wäre bespielsweise die Interpretation des rechten Bildbereiches schwierig[138]. Richtig ergibt sie sich erst aus der Ergänzung durch die Schleifszene.

Für die Sarkophagreliefs des 2. Jahrhunderts hatte sich wenigstens noch die Möglichkeit ergeben, sie als leidlich genaue Illustration eines literarischen Hintergrundes in Betracht zu ziehen. Das Exemplar des 3. Jahrhunderts, nach dem „Stilwandel" entstanden[139] und unabhängig von der späthellenistischen Bildtradition, ist eindeutiger zu beurteilen. Figurentypologie und Komposition sind in den Sarkophagwerkstätten entstanden; das Relief spricht die homerische Erzählung an, folgt aber nicht ihrem erzählenden Verlauf.

Die Langseite Woburn Abbey erweist sich jedoch nicht als „isolierte Darstellung"[140], sondern sie stellt den Übergang zu dem wichtigen Sarkophag in Tyros her (Abb. 18)[141]. Deutliche typologische Gemeinsamkeiten führen die Verwandtschaft vor Augen. Beispielsweise ist die bekannte Schleifszene unter geringen Veränderungen[142] in die rechte Schmalseite von Tyros 607 aufgenommen[143]. Weiterhin trägt der rechte Bereich der Vorderseite handwerkliche und typologische Ähnlichkeiten mit Woburn Abbey in sich. Achilleus steht in einem etwas veränderten Standmotiv frontal, der gekrümmte Priamos ist zu einem Jüngling abgewandelt. Der Helmträger steht vor dem am Boden liegenden Panzer.

Auf Grund der Waffen, des Helmträgers, vor allem aber wegen des gebückten Jünglings, der auf die Schmalseite Paris[144] hinweist, liegt die Deutung dieser rechten Szene

---

[134] Vgl. auch die Rückseite des Sarkophages Woburn Abbey (Abb. 8).

[135] Ilias XXIV, 228 ff.

[136] Vgl. dazu Wiegartz 1975, 203, der hier eine Tendenz zur „entaktualisierten, scheinbar handlungslosen und zeitlos wirken wollenden Darstellungsweise" erkennt.

[137] Vgl. A. H. Borbein, Gnomon 57 (1985), 58 f.

[138] Vgl. die Deutung von A. Michaelis, ArchZtg 32 (1874), 70 und Michaelis 1882, 750.

[139] Koch 1982, 458: „neuer Typ".

[140] Wiegartz 1975, 198, 199 Anm. 221.

[141] Chéhab 10 ff. Nr. 607 Taf. 1 ff. G. Koch, AA 1978, 127 f. Ders. 1982, 385 f. Abb. 414. LIMC I (1981), 155 Nr. 693.

[142] Die Szene ist etwas zusammengedrängt. Von der *biga* sind beide Pferde angegeben, dafür ist ein Krieger weggelassen. Ein weiterer gestürzter Mann ist rechts von Hektor hinzugesetzt.

[143] Chéhab 19 Taf. 6. G. Koch, AA 1978, 123 Abb. 10. Ders. 1982, 377 Anm. 5. LIMC I (1981), 142 f. Nr. 619 Taf. 119. Durch die Isolierung der Schleifszene auf einer Schmalseite ist sie aus jenem Bildkontext gerissen, den Woburn Abbey belegt und für den sie geschaffen worden war. Daher besteht jetzt die Möglichkeit, diesen Ausschnitt für sich betrachtet auf eine bestimmte Episode des Mythos zu deuten. Vgl. Koch 1982, 387.

[144] Robert, ASR II, 42 Kat. 26 Taf. 17. Giuliano - Palma Taf. 29, 70.

der Langseite auf die Rüstung des Achilleus nahe [145]. Sperrig bleibt in diesem Zusammenhang jedoch der bärtige und gerüstete Krieger, der seine rechte Hand zur Schulter des Achilleus führt. Offenbar spricht die Gruppe der beiden Männer ein bestimmtes Ereignis an, dem im Rahmen der Rüstung des Achilleus Bedeutung zukommt.

Die Interpretation des bereits für sich schwer einzuordnenden, rechten Vorderseitenbereiches wird durch die links davon gestaltete Szene weiter erschwert. Auf den ersten Blick erinnert der nach rechts sitzende Greis an den König Lykomedes der entsprechenden Achilleussarkophage [146], sodaß Chéhab [147] die Langseite auf eine Rüstung des Achill auslegt, die anläßlich des Abschieds der Griechen von Skyros stattgefunden habe.
Für diese Deutung sind zwei Voraussetzungen angenommen:
1. die Langseite führt einen bestimmten „Moment", sowohl in zeitlicher wie räumlicher Hinsicht, vor Augen;
2. die typologische Verwandtschaft der Sitzfigur mit Gestalten älterer Sarkophage zieht notwendig auch die inhaltliche nach sich.
Zweifel an beiden Prämissen sind angebracht, zumal auch die entsprechende Episode auf Skyros literarisch nicht belegt ist.

Auf die Möglichkeit, in ihrer Darstellung über „den Augenblick" hinauszugehen, haben uns schon die Achilleussarkophage verwiesen. Und attische Sarkophage des 3. Jahrhunderts zeigen häufig die gleichen Figurentypen in unterschiedlichen Mythen [148].

Für die Interpretation der Langseite Tyros 607 steht eine Schmalseite in Leningrad aus dem 2. Jahrhundert zur Verfügung [149], die die Kerngruppe wiederholt: Vor einem nach rechts sitzenden Greis stehen die beiden in bekannter Weise verbundenen Griechen. Es steht daher zu vermuten, daß Tyros 607 mittelbar auf das Exemplar Leningrad zurückgeht. Obwohl Chéhab [150] dies nicht ausdrücklich hervorhebt, scheint auch er sich in seiner Auslegung auf den älteren Sarkophag zu beziehen. Der Versuch einer neuen Deutung von Tyros 607 muß somit am älteren Relief ansetzen.

Für die Schmalseite Leningrad erwägt Robert zwei Zusammenhänge [151]; er entscheidet sich unter dem Vergleich mit der linken Schmalseite des allerdings jüngeren Exemplares Rom [152] für den ersten: die Rüstung des Achilleus auf Skyros [153]. Einige Besonderheiten der Darstellung bestätigen den Zweifel an seiner Deutung. Auffallend ist die eigenartige Gestaltung des rechten Armes des Greises, der sich zudem nicht auf einem Thron, wie er Lykomedes anstünde, niedergelassen hat, sondern auf dem mit einem Fell belegten Fels [154]. Weiterhin fehlen die Töchter des Königs Lykomedes. Die Gebärde des stehenden Mannes rechts des Peliden erscheint bekannt.

Die wahrscheinliche Parallele für die Schmalseite Leningrad bietet die durch Beischriften gesicherte Darstellung eines ‚Homerischen Bechers' [155], die den sitzenden Aga-

---

[145] Chéhab 13. Wiegartz 1975, 204. Koch 1982, 385.
[146] Vgl. die Exemplare in Jerusalem, Paris und Rom, alle Koch 1982, 383.
[147] Chéhab 13. Zweifelnd folgt ihm Koch 1982, 385.
[148] F. Eichler, Öjh 36 (1946), HB 89 ff. Himmelmann-Wildschütz 27 Anm. 18. Wiegartz 1975, 198, 201.
[149] Leningrad, Nsl: Robert, ASR II, 28 f. Nr. 21 Taf. 9. Wiegartz 1975, 200. Saverkina 17 ff. Kat. 2 Taf. 8.
[150] Chéhab 14.
[151] Robert, ASR II, 29.
[152] Robert, ASR II, Nr. 26 b Taf. 17.
[153] Neben Chéhab 14 folgen noch Kemp-Lindemann a.O. (oben Anm. 56) 58 f., Saverkina 18 und Koch 1982, 386 der Robertschen Interpretation. Vgl. weiterhin LIMC I (1981), 66 Nr. 448 Taf. 75 (O. Touchefeu).
[154] Vgl. dazu besonders den Hinweis bei Ilias XIX, 77 auf den Sitz des Agamemnon sowie Sinn a.O. (folgende Anmerkung) 83.
[155] U. Sinn, Die Homerischen Becher, AM 7. Beiheft (1979), 82 f. MB 14. LIMC I (1981), 128 Nr. 5413.

memnon vor einem gerüsteten Achill zeigt. Jener wendet sich ab, um in die Schlacht zu ziehen. Thema der Abbildung ist somit die Versöhnung der Kontrahenten angesichts des Todes von Patroklos.

In Anlehnung an die entsprechende Episode der Ilias [156] möchten wir die zweite stehende Gestalt der Schmalseite Leningrad als Odysseus bezeichnen. Mit einer Geste zur Schulter des Helden sucht er die ungestüme Wut des Peliden zu besänftigen.

Wenn wir damit zur Vorderseite Tyros 607 (Abb. 18) zurückkehren, so faßt allein diese, von Robert bereits für die Nebenseite Leningrad erwogene Interpretation [157] die Darstellung sinnvoll zusammen. Indes kann diese Langseite ebensowenig wie die Achilleussarkophage des 2. Jahrhunderts oder das Exemplar Woburn Abbey auf der Grundlage der Gleichzeitigkeit des Dargestellten betrachtet werden. Die entscheidenden Vorkommnisse des 19. Gesanges der Ilias, das sind die Versöhnung des Achilleus mit dem Atriden [158], die Besänftigung des Helden [159] und die Rüstung zum Aufbruch in die Schlacht [160], sind in einem Bild verbunden. Zumindest die zeitliche Vielfalt der Langseite Tyros 607 wird deutlich.

Der Darstellung wird man handwerklich gerecht, wenn man sie als Ergebnis einer eklektischen Arbeitsweise versteht. Einzelne Figurentypen und Details, die auch in anderen Handlungszusammenhängen geläufig sind, werden zu einer neuen Komposition vereint. Die typologische Verwandtschaft im einzelnen zieht jedoch nicht notwendig auch die inhaltliche nach sich.

Die Achilleussarkophage Adana (Abb. 15), Beyrouth und Ladochori hatten ihre motivische Grundlage in der späthellenistischen Bildtradition. Das Exemplar Woburn Abbey (Abb. 5) steht für die Neugestaltung der attischen Sarkophagbilder im Verlaufe eines „Stilwandels“. Und die Langseite Tyros 607 (Abb. 18) schließlich verarbeitet ein Typenrepertoire, das innerhalb der griechischen Werkstätten entstanden ist.

# DER EROTENSARKOPHAG IM ‚TOR DER VERFOLGUNG‘

Bis heute ist im ‚Tor der Verfolgung‘ ein attischer Erotensarkophag (= ‚Ephesos D‘) vermauert geblieben (Abb. 19). In den Jahren um 1810 wurde versucht, ihn ebenso wie den Achilleussarkophag Woburn Abbey aus dem Steinverband der Bastion zu entfernen [161]. Möglicherweise stammen einige Beschädigungen des Reliefs aus dieser Zeit. Von dem Sarkophag sind heute drei Viertel der Vorder- und ein Teil der rechten Nebenseite sichtbar (Abb. 3). Als thematisch verbundene Hauptseiten dieses Sarkophages möchten wir die sichtbare Lang- und die vermutete linke Schmalseite nebeneinanderstellen, zumal sich die rechte Nebenseite in Motiv und Dekor als nachrangig bewertet ausgibt [162].

---

[156] Ilias XIX, 154 ff.
[157] Robert, ASR II, 29.
[158] Ilias XIX, 56 ff.
[159] Ilias XIX, 154 ff.
[160] Ilias XIX, 350 ff.
[161] C. Robert, ASR II (1890), 57. G. Weber, Guide de Voyageur à Ephèse (1891), 12. O. Benndorf, FiE I (1906), 108. G. Rodenwaldt, JdI 45 (1930), 186. F. Eichler, JdI 59/60 (1944/45), 129 Nr. 7. W. Alzinger, Die Stadt des siebten Weltwunders (1962), 187. J. Keil, Ephesos. Ein Führer durch die Ruinenstätte und ihre Geschichte (1964⁵), 32 f. Koch 1982, 432 Nr. 52 Abb. 451. Vgl. auch die Bemerkungen oben auf S. 11 ff.
[162] Siehe oben Anm. 49.

Die Vorderseite [163] (Abb. 20) stellt das spielerische Treiben von Eroten und einer Psyche im Garten während einer Weinlese dar [164]. Das Relief ist über einem Sockel entwickelt, der aus Plinthe, Schmuckzone und Standleiste besteht. Als Ornamente sind im vertieften Feld ein Flechtband und ein lesbisches *kyma* ausgearbeitet. Das erhaltene, linke Eckpostament zeigt eine Tiergruppe: ein Löwe springt die nach rechts laufende Hirschkuh an. Nach oben wölbt sich der Reliefgrund zur abschließenden Leiste, die die Reste einer vegetabilen Ranke zeigt.

Links beschließt das Relief ein stehender, ungeflügelter Eros, der auf seinem Kopf einen Korb balanciert [165]. Den darin liegenden Früchten fehlt die Plastizität abgestufter Formen und Übergänge. In illusionistischer Weise sind ihre Glanzlichter durch Schattenlinien hervorgehoben. Mit der rechten Hand stützt der Putto seine Last. In einer tänzelnden Bewegung, die den geneigten Kopf und den Oberkörper mit einschließt, überkreuzt er seine Beine. Um die Hüften ist ein Mäntelchen gelegt, das der Knabe an der linken Seite zusammenrafft. Von dort fällt es in einigen Falten nach unten. Für das rechte Ende der Langseite möchten wir die entsprechende, spiegelsymmetrische Gestalt vermuten.

Dem Korbträger zunächst hockt ein weiterer Eros am Boden. Er neigt sich nach vorne, sodaß sich die Speckwülste des Bauches auf die Oberschenkel vorwölben. Das

---

[163] Beschädigungen:
    Die Klarheit der Reliefoberfläche ist durch Erosion stark beeinträchtigt. Die Nivellierung betrifft vor allem Details an Gesichtern und am Rankenwerk. Der Figur links fehlen der linke Unterarm sowie ein Teil ihres Mäntelchens; der rechte Unterarm ist verwaschen. Vom anschließenden Eros sind der rechte Arm und die linke Hand erkennbar geblieben. Seine Kopf- und Schulterpartie sind verunklärt, ebenso wie der rechte Unterarm der Psyche. Dem im Baum hockenden Amor fehlt der linke Arm bis auf den Ansatz und die Reste der Hand. Das Gesicht ist wie jenes des darunter sitzenden Eros verrieben. Von ihm sind beide Arme nur in Umrissen auszumachen. Über dem Kopf des nach rechts gehenden Putto ist ein größeres Stück der Reliefoberfläche ausgebrochen, das Teile seines Gesichtes und beider Arme miteinbezogen hat. Nur noch in ihren Konturen ist die letzte Gestalt der Vorderseite zu verfolgen. Der Verlust am rechten Ende der Vorderseite betrifft etwa ein Fünftel der Relieffläche und den rechten Abschluß der Sockelzone. Von vegetabilen Einflüssen zeugen der große Sprung mit seinen Ausbrüchen links und die beinahe durchlaufende, schräge Kerbung im rechten Bereich. Eine Fehlpartie ist schließlich noch für den Sockel festzustellen. Die Maße des Sarkophages sind mir nicht bekannt, ein Klinendeckel ist vorauszusetzen.
[164] An Weinlesesarkophagen mit Eroten listet Koch 1982, 433 Nr. 51 ff. fünf z. T. fragmentierte Exemplare auf, von denen zwei nicht publiziert sind. Dazu kommen noch Fragmente in Rom, Koch, BJB 182 (1982), 183 Abb. 14 und in Antakya, Himmelmann 22.
    Weinlesende Eroten sind seit hellenistischer Zeit auf Denkmälern unterschiedlicher Art erhalten:
    1. Gemmen: A. Furtwängler, Die antiken Gemmen III (1900), Taf. 36, 19. G. Sena Chiesa, Gemme di Museo Nazionale di Aquileia (1966), 170 f. Nr. 300, 304.
    2. Gemälde: K. Schefold, Die Wände Pompejis (1957), 148; 250, 25.
    3. Mosaiken: H. G. Horn, Mysteriensymbolik auf dem Kölner Dionysosmosaik, BJB Beiheft 33 (1972), 93 f.
    Vgl. auch Rodenwaldt, JdI 45 (1930), 171 ff. und zusammenfassend M. Bonanno, Prospettiva 13 (1978), 45. Zur Weiterverfolgung des Motivs in der Spätantike siehe DACL I, 2 (1924), 1613 ff. s. v. „Amours" (H. Leclerq). Helbig I⁴ (1963), 17 f. Kat. 21 (B. Andreae). Koch 1982, 578.
    Zur Symbolik: F. Cumont, Recherches sur la symbolisme funéraire des Romains (1942), 489. F. J. Dölger, Ichthys V (1966), 414. F. Matz, MarbWPr 1949, 21. R. Turcan, Les sarcophages romains a representations dionysiaques (1966), 418, 532 f. R. Stuveras, Le putto dans l'art romain (1969), 53. Horn a.O. 106 f. A. Geyer, Das Problem des Realitätsbezuges in der dionysischen Bildkunst der römischen Kaiserzeit (1977), 23.
[165] ASR IV, 1, 93.

Gesicht ist dem Beschauer zugewandt, als ob sich der Amor bei seiner Tätigkeit ertappt fühle. In ungelenker Weise gezeichnet, breitet sich hinter seinem Kopf ein Flügel aus. Der Knabe versucht den vor ihm liegenden, umgestürzten Traubenkorb wieder aufzurichten. Dabei greift seine rechte Hand an den Henkel, die linke — am Boden noch in Umrissen erkennbar — sammelt die Beeren ein.

Entlang seines Rückens rankt sich der dicke Stamm der ersten Weinrebe, die mit ihrem Geäst, mit den Blättern und Trauben den linken Hintergrundbereich vollständig abdeckt. Die allenthalben im Bild gegebenen Trauben vertreten die schon beschriebene Art der Gestaltung: in die Fläche gelegt sind sie auf graphische Weise gestaltet. Zwischen den Ästen steht eine Psyche [166], leicht nach links geneigt. Ein Mantel bedeckt ihre Beine, ist über den Rücken zur linken Schulter geführt und wird von dort in einigen Falten nach rechts geweht. Ihre übereinandergesetzten Beine und die Haltung des Oberkörpers vermitteln den Eindruck eines labilen Standes. Der auf dem Kopf ruhende, linke Unterarm legt eine Geste der Trauer nahe. Vielleicht lehnt sie am Rebenstamm, in dessen Verästelung sie mit der rechten Hand greift.

In der Astgabelung einer weiteren Rebe hockt der nächste, geflügelte Putto. Er ähnelt im Motiv seinem vorgenannten Gefährten. Mit der rechten Hand hält er sich an einem Zweig fest, mit der linken langt er nach einer großen Traube. Die Flügel überschneiden das hinter ihm sichtbare Geäst. Unter ihm ist ein schon berauschter Amor zu Boden gesunken. Sein linkes Bein ist zum Körper hin angewinkelt, das rechte — nur zum Teil sichtbar — zur Seite ausgestreckt. Mit dem linken Arm stützt er den nach rechts geneigten Oberkörper ab; dagegen ist der rechte Arm noch erhoben, vielleicht um Trauben zu pflücken. Starker Abrieb hat hier die Detailformen geglättet, sodaß die gebohrten Konturen entlang des Oberkörpers und der Beine überdeutlich hervortreten.

Es folgt nach rechts ein ausschreitender, geflügelter Eros. Sein Oberkörper ist geneigt und der Kopf stark nach unten gedrückt, so als ob eine Last den Knaben beschwere. Die Ursache seiner Mühen ist einer Beschädigung des Relieffeldes zum Opfer gefallen, doch weist der Rest des erhobenen, linken Armes auf einen Korb voller Trauben. Darin ist er dem nächstfolgenden, kleinen Putto verbunden. Jener belädt soeben einen gehörnten Ziegenbock mit Körben [167]. Die Beharrlichkeit, mit der in diesem Bereich Bohrlinien die Umrisse der Figuren verfolgen, erzeugt seltsame Überschneidungen der Gliedmaßen.

Zwischen den Beinen des Korbträgers ist links der Ansatz des zweiten großen Rebenstammes zu erkennen, dessen Äste den mittleren Reliefbereich bestimmen. Einen dritten Stamm vermuten wir in einem Reliefrest, der unterhalb des Tieres erhalten ist, und der sich nach rechts beinahe waagrecht fortsetzt. Eine schräg verlaufende und stark abgeschliffene Bruchlinie beschließt das Erhaltene der Vorderseite.

Von der rechten Nebenseite (Abb. 3) kann ausreichend beobachtet werden, um eine Einschätzung zu geben. Sie unterscheidet sich zunächst durch ihr oberes Profil von der Langseite. In bekannter Weise ist über einem ionischen ein lesbisches Kymation gebildet. Das Relieffeld zeigt als dekoratives Motiv zwei antithetische Löwen zu beiden Seiten eines *kantharos* [168].

Zwei Kennzeichen, die Inhalt und Ausführung betreffen, weisen die Schmalseite als

---

[166] ASR IV, 1, 91: „Pflückerin". Vgl. Sichtermann 1982, 216.

[167] ASR IV, 1, 121 Anm. 120.

[168] Vgl. die Rückseiten der Sarkophage Athen, ASR XII, 6, Taf. 128 a, Ladochori, Deltion 30 (1975), Taf. 121 und Mistra, ASR IV, 1, Taf. 2; dazu Himmelmann-Wildschütz 38 Anm. 48.

vernachlässigt aus: Sie ist thematisch der Langseite nachgeordnet [169], und die „plastische" Gestaltung des ionischen *kymas* führt in das 2. Jahrhundert zurück [170].

Die Beschreibung dieses Sarkophages soll mit einem Ergänzungsversuch schließen, den der Fehlbereich der Vorderseite aufgibt. Zwischen der rechten Randfigur und dem Ziegenbock hätte beispielsweise eine Erotenstützgruppe Platz, wie sie die Abbildung nach L. Mayer (Frontispiz) zeigt und wie sie von attischen Sarkophagen auch bekannt ist [171]. Weiterhin ist ein Relieffragment erhalten, das aus dem Torbereich stammt und möglicherweise unserem Erotensarkophag angehört [172] (Abb. 21). Seine Oberfläche ist sehr stark verwittert, sodaß nur noch wenige Details ausgemacht werden können. Dennoch erinnert die Art der Aufblätterung des Marmors an die ausgewaschenen Stellen im rechten Abschnitt des Erotensarkophages, und die große Traube findet dort ihr Gegenstück. Erkennbar ist die Konturbohrung eines Kopfes, der leicht nach rechts geneigt erscheint. Ein Eros könnte gemeint sein, denn links davon zeigt das Relief in feiner Ritzung einen Flügel. Rechts des Kopfes befindet sich ein Zweiglein mit der Traube.

# DER AMAZONENSARKOPHAG AUS DER HAFENNEKROPOLE

## Die Auffindung

Im Jahre 1907 entdeckte Josef Keil bei einer Begehung des Gebietes entlang des Hafenkanals einen Grabbau [173], aus dem später der sogenannte ‚Unterweltsarkophag' [174] geborgen werden konnte. In seinem Bericht über dieses Monument erwähnt Keil einen „arg zerstörten Sarkophag mit der ziemlich rohen Darstellung einer Amazonenschlacht" [175], der sich in der Nachbarschaft des Grabhauses befände. Möglicherweise auf Grund dieser Einschätzung wurde 1911 lediglich der ‚Unterweltsarkophag' gehoben, der Amazonensarkophag verblieb im Boden. Erst während der Grabungsarbeiten des Jahres 1930 konnte ihn Keil wieder auffinden [176], der zugehörige Grabbau wurde freigelegt (Abb. 22). An der Herbstkampagne nahm Fritz Eichler teil, der sich die Sarkophagframente angelegen sein ließ.

Eine Planaufnahme des Grabhauses ist heute nicht mehr festzustellen, an ihre Stelle

---

[169] Vgl. oben Anm. 49.

[170] Siehe unten S. 38 ff.

[171] Vgl. beispielsweise die Erotensarkophage Side, Koch 1982, 430 Nr. 24 und Athen 4008, Koch 1982, 432 Nr. 46.

[172] Das Fragment befand sich bis 1982/83 im Steindepot bei der Johannesbasilika und konnte dort 1981 von mir photographiert werden. Danach gelangte es in das Skulpturendepot nach Ephesos. Die Erlaubnis, das Bruchstück dort aufzunehmen, verdanke ich S. Bayan.
Maße: L 0,68 m, B 0,41 m, T 0,15 m.
Das Fragment zeigt allseits Bruchflächen und ist an der Rückseite angespitzt. Der Marmor ist weiß und feinkörnig.

[173] J. Keil, Öjh 17 (1914), HB 133.

[174] Zuletzt Koch 1982, 522.

[175] Keil a.O. 133 Anm. 1.

[176] J. Keil, Öjh 27 (1932), BB 68 f. Abb. 48. Ders., Forschungen und Fortschritte 7 (1931), 66.

sollen Skizze (Abb. 23) und Beschreibung treten, die auszugsweise Keils Tagebüchern entnommen sind:

„Dienstag, 14. 10. 1930:

E) Sarkophage nördlich des Hafenkanals:

Ein Führer zeigt uns die Stelle, wo der vor langen Jahren von mir gleichzeitig mit dem Unterweltsarkophag entdeckte, arg zerstörte Reliefsarkophag liegen soll. Verschiedene Bruchstücke von Reliefsarkophagen liegen dort im Acker.

Mittwoch, 15. 10. 1930:

In einem Gebüsch in der Nähe, das wir abtrennen, gelingt es mir, den von mir vor 20 Jahren entdeckten Amazonensarkophag wiederzufinden. Seine Ausgrabung wird morgen durchgeführt werden.

Donnerstag, 16. 10. 1930:

Der Amazonensarkophag ganz freigelegt, leider stark zerstört, die Rückseite nur ganz flächig ausgearbeitet. Einige Fragmente gefunden. Auch dieser Sarkophag steht in einem Grabhaus (an der der Tür gegenüberliegenden Nordseite (Hauptseite). Mehrere Lampen, darunter eine schöne Bronzelampe gefunden.

Samstag, 18. 10. 1930:

Das Grabhaus des Amazonensarkophages ganz ausgegraben im Inneren. Tür im Süden. Schwelle und östlicher Pfosten erhalten. Boden mit Marmorpflaster etwas unter dem Grundwasserspiegel. Bei A und B[177] gemauerte Gräber, in der Mitte aufgemauerte Unterlage des Sarkophages durch eine Stufe. Östlich und westlich weitere Grabhäuser, von denen nur einzelne Mauerzüge bisher festgestellt sind.

Sonntag, 19. 10. 1930:

E) Sarkophage beim Hafenkanal:

Im Grabhaus des Amazonensarkophages Mauerdicke festgestellt. Mehrere andere Grabanlagen ausgegraben. Kein weiterer Sarkophag gefunden, aber das ganze Gebiet (ist) mit Grabhäusern und Grabanlagen dicht durchsetzt;

Montag, 20. 10. 1930:

E) Sarkophage am Hafenkanal:

Der Amazonensarkophag wird mittels eines Krans aus dem Grabhaus emporgezogen. Gewicht: ca. 3/4 Tonne. Abtransport des Sarkophages ins Museum vorbereitet.

Mittwoch, 22. 10. 1930:

E) Haus des Amazonensarkophages zugeschüttet.

Donnerstag, 23. 10. 1930:

D) Museum:

Amazonensarkophag ins Museum.

Donnerstag, 29. 10. 1930:

B) Museum: Amazonensarkophag aufgestellt."[178]


## Die Beschreibung

Heute befindet sich der Amazonensarkophag (= ‚Ephesos F') im Garten des Efes Müze in Selçuk[179].

---

[177] Vgl. Abb. 23.
[178] Vgl. Abb. 24.
[179] Der Sarkophag ist in den Museumskatalog aus dem Jahr 1974 nicht aufgenommen worden.
Zu Maßunregelmäßigkeiten attischer Kästen vgl. Rodenwaldt, JdI 45 (1930), 148 f.

Auf allen vier Seiten des Monumentes ist die Amazonomachie dargestellt, wenn auch in unterschiedlicher Qualität. Die aufwendigere Sockelornamentik und das dichtere Figurenrelief weisen die Vorder- (Abb. 24) und die rechte Schmalseite (Abb. 25) als Hauptansichten aus, dagegen tritt die zweite Schmalseite zurück. Auf Grund der genannten Kriterien erscheint die zudem schlecht erhaltene, verwaschene Rückseite als vollends vernachlässigt (Abb. 26)[180].

Der Sockel der Sarkophaghauptseiten ist in gewohnter Weise gegliedert: Zwischen Eckpostamenten ist ein Profil entwickelt, das mit einem Flechtband und einem lesbischen *kyma* verziert ist. Beide Ornamente sind stark verwaschen, sodaß die Bohrlöcher am Wulst und die entsprechenden Schattenlinien an der Hohlkehle besonders stark hervortreten. Die Binnenfelder der Eckpostamente dieser beiden Sarkophagseiten tragen Tierkampfgruppen. Vorne rechts ist noch ein Löwe zu erkennen, der soeben einen Stier niedergezwungen hat.

Die Vorderseite (Abb. 24) ist an beiden Enden durch je eine über Eck gestellte Frauengestalt gerahmt. Von der Rechten sind die beiden übereinandergesetzten, nackten Unterschenkel zu erkennen; das Gewand bedeckt teilweise die Oberschenkel und fällt an der Hinterseite der Beine zu Boden (Abb. 25). Die linke Figur ist bis zum Hals erhalten. Ihr rechtes Bein ist vorgestellt, das linke nicht ausgearbeitet. Das Tuch fällt wiederum über den Oberschenkel, bleibt aber an der rechten Seite bis zur Hüfte geöffnet und ist entlang der Wade nach unten geführt. Die Rahmenfiguren sind offenbar zueinander spiegelsymmetrisch. In der rechten Armbeuge der linken Figur ist ein Schwert gezeigt, das von der anschließenden Schmalseite sichtbar wird (Abb. 27). Beide weiblichen Gestalten möchte man als Niken bezeichnen.

Zwischen ihnen ist das dichte Gewühl eines Schlachtgeschehens festgehalten. Links beginnt es mit einem nach außen gewandten Pferd, das grazil sein rechtes Vorderbein hebt. Von seinem Rücken stürzt soeben eine Amazone in der Weise, daß sie mit dem Rücken voran aus dem Bildfeld zu fallen scheint[181]. Noch sind der linke Arm und das rechte Bein erhoben und vergegenwärtigen den Moment des Sturzes. Die Amazone trägt einen Helm und als Kleidung die *exomis*. Im Bereich der Hinterläufe des Pferdes ist ein runder Gegenstand angegeben, der als der ihr zugehörige Schild gedeutet werden kann. Von ihrem Widersacher ist noch das rechte Vorderbein eines Pferdes erhalten[182].

Darunter sind zwei Gestalten übereinandergesunken. Zuunterst liegt nach links eine weitere Amazone auf dem Bauch, ihr Gesicht ist dem Betrachter zugewandt. Sie trägt das nämliche Gewand, am Kopf eine phrygische Mütze. Aus dem Hintergrund herausgeführt, fällt über sie ein unbekleideter Krieger und deckt die Amazone bis zur Schulterpartie zu. Sein rechter Unterarm liegt flach auf dem Boden, darauf ist sein Kopf gesenkt. An der rechten Schulter ist der Ausläufer des sonst abgebrochenen Pferdeschwanzes in seichtem Relief gezeichnet.

Nach rechts folgt eine vom Rücken gesehene Amazone, die nur ab der Hüfte erhalten

---

Beschädigungen:
Erhalten ist rundum der Sarkophagsockel und in unterschiedlichem Maße das Aufgehende der Relieffläche. An der linken Schmalseite erreicht der Sarkophag seine größte Höhe. Im unteren Bereich ist das Relief durch die Einwirkung des Grundwassers korrodiert, die Marmoroberfläche ausgewaschen und aufgebrochen.

[180] Vgl. oben Anm. 49.

[181] Vgl. dazu eine Figur im linken Bereich der frühen Gruppe stadtrömischer Schlachtsarkophage, Sichtermann 1982, 91 Abb. 74 f.

[182] Vgl. Redlich 52: „Gruppe B$_4$" auf Taf. 12.

ist [183]. Der Huf des vorhergenannten Tieres überschneidet ihren linken Oberschenkel und die *exomis*, der Unterschenkel des rechten Beines ist in der Oberschenkelbeuge des daneben niedergestürzten Kriegers angegeben. Jener ist auf sein rechtes Knie gesunken, mit dem rechten, jetzt verlorenen Arm sucht er sich abzustützen. Nach den Resten zu urteilen, war hingegen der linke Arm angewinkelt erhoben. Über seinem Kopf ist das Ende eines Schwertes zu erkennen, das zu einem Krieger zählt, der — in einer tieferen Reliefschicht gestaltet — verlorengegangen ist [184].

Etwa die Mitte der Vorderseite nimmt eine gestürzte Amazone ein. Sie liegt etwas gekrümmt auf dem Bauch nach rechts. Offenbar ist der angewinkelte, rechte Arm bei ihrem Fall unter der Brust zu liegen gekommen. Der Kopf ist mit dem Antlitz auf den Boden gesenkt. Sein Erhaltungszustand läßt nicht mehr erkennen, ob ein Helm aufgesessen hat. Ihre Bekleidung ist die *exomis*, der über dem Oberkörper sichtbare, linke Arm hält noch den Schild. In feiner Zeichnung ist sein Halteriemen vermerkt.

Über ihr ist eine weitere Kampfgruppe entwickelt: Eine nach links vorgehende Amazone wendet sich gegen ein sich hochbäumendes Pferd. Nach dem Vorbild eines typologisch sehr ähnlichen Sarkophages im Fogg Art Museum umfaßte die Figurenanordnung einen nach rechts kämpfenden Griechen, zu dem möglicherweise der oben genannte Schwertrest zu zählen ist, und die Amazone nach links; zwischen ihnen steht das reiterlose Pferd [185].

Die Bewegung der Amazone ergibt sich aus der nach rechts gebauschten *exomis*, die von einem Bein des anschließenden Pferdes überschnitten wird. Links des Bausches ist der rechte Arm in einem Rest erkennbar. Er überschneidet die tiefer gelegene Kruppe eines weiteren Tieres, zu dessen Füßen ein Gefallener auf dem Rücken liegt. Von ihm sind die Umrisse des Kopfes und der Schulterpartie noch auszumachen. Ein in gleicher Weise hingestreckter Krieger füllt den Vordergrund zu Füßen der getöteten Amazone. Trotz der starken Korrosion ist der rechte Arm vom Körper zu unterscheiden.

Rechts der Mitte folgt eine berittene Amazone nach links. Sie ist an ihrer *exomis* kenntlich, die durch den teilweise erhaltenen Rundschild nicht ganz verdeckt wird. Der linke Unterschenkel hat den Ansatz des Stiefels bewahrt. Der rechte Fuß ist unter dem Bauch des Pferdes am Reliefgrund gegeben. Bemerkenswert ist die Umrißbohrung, die das linke Bein und den Schild vom Pferdeleib abzuheben sucht. Für sie ist ein berittener Gegner zu vermuten, der in den verlorengegangenen, oberen Reliefbereich eingepaßt war, zumal Hinweise auf einen entsprechenden Fußkämpfer nicht vorhanden sind [186].

Den rechten Abschluß der Vorderseite bildet eine bekannte Gruppe [187]. Ein nach rechts ausschreitender Krieger hat seinen linken Fuß auf die rechte Hüfte einer in die Knie gesunkenen Amazone gesetzt. Seine nicht erhaltene, linke Hand hatte sie vermutlich an den Haaren gefaßt, während der Schwertarm zum entscheidenden Schlag ausholte. Ein vom linken Arm kommendes Gewandstück ist an seinem Gesäß vorbei nach vorne um den rechten Oberschenkel gezogen und fällt von dort zu Boden. Die Amazone ist bekleidet, die *exomis* läßt die rechte Brust frei. Bereits auf die Knie gezwungen, sind noch

---

[183] Nach Redlich 52: „Gruppe G$_2$" auf Taf. 12 ist für sie ein berittener Gegner wahrscheinlich. Zu ihm zählt entweder das erhaltene Pferdebein nach rechts oder der Reiter ist vollständig mit dem oberen Reliefbereich verlorengegangen.

[184] Vgl. dazu das Exemplar Fogg Art Museum, Redlich 52 Taf. 3.

[185] Redlich 52: „Gruppe D$_2$" auf Taf. 12.

[186] Redlich 52: „Gruppe G$_3$" auf Taf. 12.

[187] Redlich 52: „Gruppe A$_2$" auf Taf. 12. Vgl. beispielsweise die Mittelgruppe des Amazonensarkophages Saloniki, R. Bianchi-Bandinelli, Rom. Das Ende der Antike (1971), 301 Abb. 277 f. und dazu die Interpretation bei Koch 1982, 391.

beide Arme zur letzten, erfolglosen Gegenwehr erhoben. In der verwaschenen Kontur sind ihr Kopf und beide Oberarme zu erkennen, während ihr Gegner von der Hüfte abwärts erhalten ist.

Diese Gruppe verbindet ein Gefallener mit der vorhergegangenen. Er liegt in Rükkenlage nach links, sein dem Boden aufliegender, rechter Arm hebt sich ab. Die angewinkelt hochgestellten Beine sind am Reliefgrund weitergeführt.

Die bevorzugte rechte Schmalseite (Abb. 25) wiederholt die zuletzt beschriebene Gruppe in einer Variation. Der Sturz der Amazone unterscheidet sich durch die Haltung des linken Beines, der Fuß ihres Widersachers sitzt jetzt deutlich ihrer Hüfte auf. Weitere Aussagen läßt der Erhaltungszustand nicht mehr zu.

Links neben der Amazone ist am Reliefgrund der rechte Unterschenkel mit dem Stiefel eines Berittenen eingetragen, zu dem noch einige Gewandfalten links davon zu zählen sind. Darunter liegt ein gefallener Grieche nach rechts. Er stützt sich auf den rechten Arm, sein korinthischer Helm ist in den Nacken geschoben. Den daneben stehenden Schild möchte man ihm beigeben.

Von der linken Kampfgruppe ist ein nach rechts ausfallender Krieger übriggeblieben. Er ist ab der Hüfte erhalten, demnach war er unbekleidet. Sein linker Fuß ist auf den Bauch einer nach links in Rückenlage gestürzten Amazone gesetzt. Sie stützt sich noch mit dem rechten Unterarm auf, sodaß ihr Kopf nach hinten überhängt. Ihre *exomis* läßt die linke Brust frei, der linke Arm hält den Schild.

Diese Schmalseite ist durch eine Herme von der Rückseite getrennt, die im unteren Teil des Schaftes erhalten ist. Jener wird von einem Fuß nach rechts überschnitten.

Im Gegensatz zur engen und ineinandergleitenden Figurensetzung der Vorderseite sind an der linken Schmalseite (Abb. 27) größere Flächen des Reliefgrundes sichtbar. Nur drei Gestalten füllen das Bild. Eine berittene Amazone dringt nach rechts auf einen bekleideten Fußkämpfer ein. Ihr Pferd bäumt sich hoch, der rechte Arm ist zum Schlag erhoben. Dagegen wehrt sich der Grieche mit dem vorgestreckten Schild in der linken Hand und führt seinerseits dolchartig das Schwert in der rechten. Dabei schreitet er über eine am Boden liegende Amazone hinweg. Sie hält mit dem rechten Unterarm Oberkörper und Kopf aufrecht, im linken Arm ist der Schild angegeben. Alle drei Gestalten tragen als Gewand die *exomis* und Stiefel, der Krieger noch einen Helm [188].

Im Sockel dieser Nebenseite ist eine einfache Form ausgeführt: ein von glatten Leisten begleitetes Schmuckfeld zwischen Eckpostamenten. Als Dekor ist in die Binnenzone eine Eichenblattgirlande eingetragen. Das rechte, der Vorderseite nahekommende Eckpostament trägt einen nach außen laufenden Hund (?), das Binnenfeld seines Gegenstückes links scheint in Bosse belassen.

Doch ist an der linken Schmalseite ein wichtiges Detail erhalten geblieben. Genau über dem Kopf der berittenen Amazone ist ein Rest des oberen Ornamentes sichtbar: zwei feine Punktbohrungen. Sie können in dieser Anlage nur einem Astragal angehören, zu dem die Relieffläche leicht geschweift hinführt. Danach ist als oberer Kastenbeschluß ein großflächiges *kyma*, wie es bereits Sarkophage der Jahrhundertwende zeigen [189], auszuschließen, weil jenes diese Bohrlöcher nicht kennt. Für den Amazonensarkophag bleiben als Möglichkeiten das kanonische, obere Profil der attischen Sarkophage aus der zweiten Hälfte des 2. Jahrhunderts, bestehend aus Astragal, ionischem und lesbischem *kyma*, oder eine verkürzte Form davon, wie sie der Achilleussarkophag Neapel zeigt [190].

---

[188] Vgl. die rechte Schmalseite des Amazonensarkophages Beyrouth, Chéhab Taf. 20 b.
[189] Z. B. die Erotensarkophage in Side und Ostia, Koch 1982, 430 Nr. 22, 24.
[190] Sichtermann - Koch Taf. 2.

Die linke Schmalseite ist durch eine bis zur Schulterpartie erhaltene Heraklesherme (?) von der abgewandten Langseite geteilt (Abb. 27). Ihr linker Arm ist erkennbar an den Körper gepreßt.

Das Relieffeld der Rückseite (Abb. 26) zeigt zwei zu einer Mittelachse spiegelsymmetrische Figurengruppen: Jeweils ein nackter Fußkämpfer erwehrt sich gegen eine in üblicher Weise bekleidete Angreiferin auf einem sich hochbäumenden Pferd. Die rechte und besser überkommene Anordnung hat den Schwertarm der Amazone sowie den Schildarm des Kriegers erhalten.

Der Gestaltung im Relief entspricht die gegenüber der vernachlässigten Nebenseite noch einmal zurückgesetzte Sockelform: Es fehlen die Eckpostamente, die Blätter der Girlande sind roher ausgearbeitet. Somit ergeben sich auch bei der Betrachtung dieses Sarkophages drei Abstufungen in der Sorgfalt seiner Behandlung[191].

In den handschriftlichen Notizen Eichlers[192] sind zum Amazonensarkophag noch insgesamt zwölf Fragmente verzeichnet, die heute in Abbildungen nicht mehr nachweisbar sind. Nach seinen Beschreibungen war an einem Bruchstück der Rest eines Perlstabes auszumachen, ein weiteres erwies sich als dem Felderdekor eines Klinendeckels zugehörig.


# ZUR ORNAMENTIK ATTISCHER SARKOPHAGE IM 2. JAHRHUNDERT N. CHR.

Die folgende, kurze Untersuchung gilt einem Merkmal des Erotensarkophages (= ‚Ephesos D‘) aus dem ‚Tor der Verfolgung‘. An seiner Ornamentik lassen sich offensichtlich zwei unterschiedliche Arten feststellen (Abb. 3). Diesem Unterschied in der Ausarbeitung der Schmuckleisten hat Wiegartz[193] unter Vorlage eines Erotensarkophages in Athen „jeglichen chronologischen Aussagewert" abgesprochen.

Das Exemplar Athen NM Inv. 4008 weist an seiner rechten Schmalseite „die seit der Klassik vertraute, haptische, optische Gliederungselemente nicht verwendende Form" des ionischen *kymas* auf, „die man als intakte Form des Blattfrieses ansprechen kann". Dagegen zeigt die gegenüberliegende Nebenseite „die mit Recht als Eierstab zu bezeichnende" Gestaltung, „wobei Blattrand und Blattkern des breiten Blattes durch eine tiefe, gebohrte, optisch gliedernde Furche getrennt sind und das spitze Zwischenblatt zur durch Bohrkanäle umgrenzten Pfeilspitze umgeformt ist"[194].

Wenn wir zunächst den Erotensarkophag Athen in seiner Gesamtheit betrachten[195], so erkennen wir, daß üblicherweise der Akzent auf zwei Hauptseiten liegt: Der Eroten-

---

[191] Siehe oben S. 18.

[192] Eichler N.Bl. 337—356, vermutlich aus der Zeit um 1944. Vgl. auch die Tagebuchnotiz vom 16.10.1930 oben auf S. 34.

[193] Wiegartz, AA 1977, 383 f.

[194] Wiegartz verwendet das von A. Riegl, Die spätrömische Kunstindustrie nach den Funden in Österreich-Ungarn (1901), 58 f., 64 f. eingeführte Begriffspaar „haptisch-optisch". Siehe besonders seine Bemerkungen zum Porträt des Mark Aurel a.O. 69 f. Weiterhin Rodenwaldt, JdI 45 (1930), 163 und N. Himmelmann-Wildschütz, MarbWPr 1960, 18, sowie G. Krahmer, RM 38/39 (1923/24), 166 ff. und H. Drerup, MarbWPr 1964, 17 f.

[195] Die Vorderseite ist in ASR IV, 1, Beilage 3 Mitte abgebildet. Koch 1982, 432 Nr. 46.

Zur Ornamentik attischer Sarkophage im 2. Jahrhundert n. Chr.                39

schwarm der Vorderseite setzt sich auf die linke Schmalseite fort, die rechte Nebenseite ist davon durch ihr Motiv geschieden. Entsprechend verteilen sich die beiden Ausarbeitungsarten des ionischen *kymas*: Die Vorderseite gleicht auch hierin der linken Schmalseite, die rechte allein trägt die „haptische" Gestaltung. Man ist daher geneigt zu überprüfen, ob sich diese beiden Stilformen in ein für attische Sarkophage gültiges, relatives Verhältnis bringen lassen, das aus der Anbringung an Sarkophaghaupt- und -nebenseiten folgt.

Eine Durchsicht der Exemplare aus der zweiten Hälfte des 2. Jahrhunderts führt die Kennzeichen vor Augen, in denen sich die Nachrangigkeit zweiter Schmalseiten ausdrückt: Sockel- und Gesimszonen sind nicht, nur teilweise[196] oder mit geringerem Aufwand ornamentiert[197]. Die Reliefs können in Motiv, Anlage und Ausarbeitung vereinfacht sein[198]. Und es sind auch einige Exemplare beizubringen, die den optisch aufgelösten Ornamentformen der Sarkophaghauptseiten die „plastische" an einer Schmalseite gegenüberstellen, die durch Anzeichen eines geringeren Arbeitsaufwandes[199] als nachgeordnet zu gelten hat.

Zu den ältesten Beispielen, die wir heranziehen möchten, gehört der dionysische Sarkophag Ianina[200]. An ihm sind die Vorder- und die rechte Nebenseite in der Ornamentik verbunden, die zweite Schmalseite zeigt das „haptische", ionische Kymation und den entsprechend gestalteten Perlstab. Den Beweis für die teilweise Hintansetzung dieser Schmalseite kann der Dachdeckel führen, der heute dem Sarkophag falsch aufsitzt[201]. Nur der Rundschild eines Giebels ist ausgearbeitet, über den Blattfries ebendort ist keine Aussage möglich.

Am Meleagersarkophag Delphi[202] sind die „haptischen" Ornamentformen an Gesimse und Sockel der linken Schmalseite gestaltet. Ihre Vernachlässigung äußert sich lediglich im unbearbeitet gebliebenen Rundstab des Sockels sowie im ungeschmückten, linken Eckpostament.

Im Achilleussarkophag Beyrouth[203] ist ein weiteres wichtiges Beispiel erhalten. Seine rechte Schmalseite läßt anders als die übrigen Sarkophagseiten die „plastische" Sehweise aller Ornamente erkennen. Und der roh gebliebene Sockel wie der Figurenstil verdeutlichen zur Genüge die mindere Beachtung, die diese Nebenseite gefunden hat[204].

---

[196] Istanbul-Beyrouth, rNs: ASR IV, 1, Taf. 1, Sockel nicht ornamentiert. Louvre, lNs: ASR II, Taf. 28 f., Sockel nicht ausgebildet. Athen, rNs: ASR XII, 6, Taf. 128 a, Sockel nicht ornamentiert. Beyrouth, rNs: Chéhab Taf. 30, Sockel und Gesimse nicht ausgearbeitet. Istanbul, lNs: ASR III, 2, Taf. 144, Sockel und Gesimse nicht ornamentiert. Beyrouth, rNs: Chéhab Taf. 9, Sockel nicht ornamentiert.

[197] Z. B. Ladochori A, rNs: Deltion 30 (1975), Taf. 120, Sockel vereinfacht. Die rechten Nebenseiten der beiden Achillessarkophage Leningrad, Saverkina Taf. 4, 6.

[198] Im Gegensatz zu den figürlichen Reliefs der Sarkophaghauptseiten finden sich auf den vernachlässigten Nebenseiten häufig heraldische Motive, Sphingen oder Tierkampfgruppen, wie auch Wiegartz 1974, 359 die thematische Nachordnung dieser Schmalseiten feststellt. Z. B. die dionysischen Sarkophage ASR IV, 1, Taf. 1, 3, 4, 6 und 10, die Achilleussarkophage in Adana und Beyrouth (siehe oben Anm. 57).
Mit geringerem Aufwand ausgeführte, figürliche Reliefs zeigen die zweiten Schmalseiten der Sarkophage Beyrouth, Chéhab Taf. 10 und Ladochori A (siehe oben Anm. 57). Siehe weiterhin oben Anm. 49.

[199] Wiegartz 1974, 355 f.

[200] ASR IV, 1, Taf. 10 ff.

[201] Der dem Dachdeckel angearbeitete Blattfries liegt über der Rückseite. Vgl. Koch 1982, 420 Anm. 6.

[202] ASR XII, 6, Taf. 131.

[203] Chéhab Taf. 9 f. Koch 1982, Abb. 415 f., 419.

[204] Vgl. noch die womöglich zusammengehörigen Fragmente in Ptolemais, die zuletzt bei Koch 1982, 409 f. Nr. 54 und 431 Nr. 32 getrennt aufgeführt sind.

Schließlich ist im Schlachtsarkophag des Aristides aus Ephesos (= ‚Ephesos B') noch ein Exemplar besonderer Art überliefert. In der auffallenden Verwendung des Bohrers für die Ornamente an Basis und Karnies entspricht die Vorder- der rechten Schmalseite (Abb. 28, 30). Und nicht nur die zweite Neben-, sondern auch die Rückseite ist in dieser Hinsicht zurückhaltender behandelt, was wenigstens die beiden oberen Kymaformen angeht. Während jedoch das aufgebohrte ionische Kymation mit der von Wiegartz gegebenen Beschreibung eines „Eierstabes" übereinstimmt, lehrt die Betrachtung der Nebenseitenform anderes (Abb. 30). Auch dort ist das eiförmige Blatt von einer Schattenlinie in seiner Kontur hervorgehoben und nur das schmale Zwischenblatt mit dem Meisel abgestuft[205].

Bei dieser Art des ionischen *kymas* handelt es sich somit nicht um die „vertraute, haptische, optische Gliederungselemente nicht verwendende Form"[206]; der Unterschied zur Ausarbeitung der Komplemente an den Hauptseiten des Aristidessarkophages ist nur in der Auflösung des Zwischenblattes zu einer pfeilförmigen Bildung zu bemerken. Der Bohrereinsatz hiezu wird erkennbar, wenn wir das halbfertige Profil eines Meleagersarkophages in Piräus betrachten[207]. Vergleichen wir dagegen die unfertigen Formen der Meleagersarkphage Athen und Eleusis[208], so ist in der Anlage kein Unterschied feststellbar, obwohl eine zur „plastischen" Gestaltung, die andere aber zur „optischen" hinführt. Beide Male ist um das eiförmige Blatt eine Bohrlinie gezogen.

Wenn wir somit zum Erotensarkophag Athen 4008 zurückkehren, so hat sich die Vermutung bestätigt, daß das „plastische" ionische *kyma* auf der minder gewerteten Schmalseite Platz gefunden hat. Die Vernachlässigung dieser Sarkophagseite ergibt sich außerdem aus ihrer motivischen Nachordnung.

Eine von Rodenwaldt niedergelegte Beobachtung klärt das Verhältnis der beiden Ornamentformen und ihre Anbringung auf Sarkophaghaupt- und -nebenseiten[209]. Danach erscheint eine neue Stilform zuerst auf den Vorderseiten (und den mit ihnen verbundenen Schmalseiten). Dementsprechend beschränkt sich die veraltete Bildung auf die Nebenseiten. Für den Umbruch in der Ornamentik attischer Sarkophage liefert uns der Meleagersarkophag Delphi einen Anhaltspunkt. Zu den ersten attischen Klinensarkophagen

---

A. L. Pietrogrande, AfrIt 3 (1930), 108 ff. nennt als Fragment 1 einen Schlachtsarkophag in teilweiser erhaltener Vorderseite und bevorzugter rechter Schmalseite, dessen Rückseite mit Girlanden geschmückt ist. Das zweite Bruchstück zeigt dagegen eine linke Nebenseite mit Eroten und ebenso eine Rückseite mit Girlandendekor. Auf Grund des gleichen Fundortes, der gleichen Marmorcharakteristik, der ähnlichen Eckhermen, der motivisch gleichartigen Rückseite, der Form der Klammerlöcher und jener der oberen Leistenranke liegt — vorbehaltlich eines Maßvergleiches und entsprechender Photographien — die Vermutung nahe, daß beide Fragmente *einem* Sarkophag zuzurechnen sind. Der Unterschied in der Ornamentausarbeitung, hie ein „plastisches" und dort ein „optisches" ionisches *kyma*, ergäbe sich dann aus der Bewertung der linken Nebenseite.

Giuliano - Palma 19 f. Nr. 1 f. Taf. 11 ordnen die Bruchstücke zwar verschiedenen Monumenten, aber einer Hand zu. Vgl. Koch, BJB 182 (1982), 697.

[205] Welche Vorsicht allerdings geboten scheint, solche stilistischen Details nach Photographien zu beurteilen, zeigt die Gegenüberstellung zweier Aufnahmen eines Fragmentes vom Aristidessarkophag (Abb. 30): Einem alten Institutsnegativ aus den dreißiger Jahren steht das um 1960 entstandene Kleinbildnegativ gegenüber.
Vgl. Xanthos, JHS 53 (1933), Taf. 10; Leningrad, Saverkina Taf. 1 ff.

[206] Vgl. beispielsweise den Alexandersarkophag, V. v. Graeve, IF 28 (1970), Taf. 14.

[207] Koch, AA 1975, 549 Abb. 30 b.

[208] Athen: ASR III, 2 Taf. 70. Eleusis: ASR XII, 6, Taf. 136.

[209] G. Rodenwaldt, JdI 45 (1930), 126.

gehörig, kann er nicht lange nach der Jahrhundertmitte entstanden sein, wie auch der dionysische Sarkophag Ianina diesem zeitlichen Ansatz nahekommt[210]. Dem vierten Viertel des 2. Jahrhunderts entstammt der Achilleussarkophag Beyrouth und auch der Schlachtsarkophag aus Ephesos (= ,Ephesos B‘, Abb. 28). Als spätestes Beispiel einer „bilingualen" Ornamentik möchte man seine Entstehungszeit noch Ende des 2. Jahrhunderts suchen, vielleicht um 190 und vor dem „Stilwandel".

Beide Erscheinungsformen des Ornamentes können in der zweiten Hälfte des 2. Jahrhunderts auftreten, solange, bis die Profile an Gesimse und Sockel beinahe ganz verschwinden. Es ist allerdings bemerkenswert, daß sehr bald nach dem Einsetzen der Ornamentierung oberer Profile im 2. Jahrhundert n. Chr.[211] die verstärkte Bohrarbeit an Einzelformen auftritt[212]. Offenbar wurde bei der Übernahme der Schmuckfriese auf frühe attische Sarkophage zunächst die „klassizistische" Form verwendet[213], die kurz darauf gleichsam aktualisiert wird. Der Übergang vom attischen Haus- zum Klinensarkophag lehrt ähnliches. Nur eine relativ kurze Anfangsphase kennt den Dachdeckel, bereits aus der zweiten Hälfte des 2. Jahrhunderts sind nur wenige Beispiele mehr bekannt. Schon bald wird der — repräsentativen Zwecken dienliche[214] — Klinendeckel eingeführt[215].

---

[210] Zur Datierung von Delphi vgl. Giuliano - Palma 58 f., Nr. 2 (um 180/185) und Koch 1982, 458 (um 170/ 180). Zu Ianina siehe oben Anm. 200 sowie Giuliano - Palma 58 f. Nr. 5 (gegen 175) und Koch 1982, 458 (um 170/180).

[211] Wiegartz 1974, 162, 172 ff. setzt den Beginn der Ausarbeitung der oberen Profile um die Jahrhundertmitte an. Koch 1982, 370.

[212] Die verschieden gestaltete Ornamentik teilt auch die kleinasiatischen Säulensarkophage in zwei Gruppen, die Wiegartz, IF 26 (1965), 26 ff. verbindet. Er setzt dort den Umbruch zwischen 170 und 190 n. Chr. als Folge eines „Stilwandels" an.

[213] In der Architekturornamentik ist das aufgebohrte Zwischenblatt schon früher geläufig. Vgl. z. B. die ,Celsusbibliothek‘ in Ephesos oder den Hadriantempel ebendort, V. M. Strocka, TrWPr 128 (1981), 41 Abb. 46.

[214] Wiegartz 1975, 177.

[215] Vgl. die Beobachtungen zu den ersten attischen Sarkophagen mit mythologisch-erzählenden Reliefs oben auf S. 24.

# KATALOG DER ATTISCHEN SARKOPHAGE AUS EPHESOS

**Ephesos A:**

Das Literaturverzeichnis[1] umfaßt jene seit C. Robert, ASR II (1890), 57 ff. Kat. 47 erschienenen, sowie die dort nicht verzeichneten Nennungen:

Views in the Ottoman Dominion in Europe in Asia and some of the Mediterranean Islands from the Original Drawings taken for Sir Robert Ainslie by Luigi Mayer, London 1810, Taf. 37. Prokesch v. Osten, Erinnerungen an Ägypten und Kleinasien II (1830), 285 f. F. Matz, ArchZtg 30 (1873), 15. A. Michaelis, ArchZtg 32 (1874), 70 Nr. 219. C. Robert, BerlWPr 50 (1890), 27. G. Weber, Guide de Voyageur à Ephèse (1891), 12. Smith 70 ff. Kat. 146. O. Benndorf, FiE I (1906), 107 f. S. Reinach, RR II (1912), 537. C. Robert, ASR III, 3 (1919), 549 f. Ders., Archäologische Hermeneutik (1919), 2 Abb. 4 f., 172 ff. Abb. 135. G. Rodenwaldt, JdI 45 (1930), 186. F. Matz, Die griechischen Sarkophage mit bakchischen Darstellungen in: Bericht über den VI. internationalen Kongreß für Archäologie in Berlin 1939 (1940), 503. F. Eichler, JdI 59/60 (1944/45), 129 Nr. 6. C. Vermeule - D. v. Bothmer, AJA 60 (1956), 349. F. Miltner, Ephesos (1958), 125 f. F. Matz, Ein römisches Meisterwerk. Der Jahreszeitensarkophag Badminton-New York, JdIErgH 19 (1958), 66 Nr. 13. Kallipolitis 28 Nr. 160. F. Matz, Gnomon 31 (1959), 696. W. Alzinger, Die Stadt des siebten Weltwunders (1962), 187. Giuliano 47 Nr. 250. J. Keil, Ephesos. Ein Führer durch die Ruinenstätte und ihre Geschichte (1964), 32 f. M. Dunand, BMusBeyr 18 (1965), 30 Anm. 2. Chéhab 17 ff., 25 Anm. 1, 29, 34, 77. F. Brommer, Denkmälerlisten zur griechischen Heldensage II (1974), 71 Nr. 11, 91 Nr. 6, 97 Nr. 6, 99 Nr. 1. D. Kemp-Lindemann, Darstellungen des Achilleus in der griechischen und römischen Kunst (1975), 142, 178, 185. Wiegartz 1975, 198 ff., 204. C. Foss - P. Magdalino, Rome and Byzantium (1977), 9 Abb. Giuliano - Palma 49 ff. Nr. 4 Taf. 57. LIMC I (1981), 117 Nr. 477, 142, 144 Nr. 630 Taf. 120, 147, 156 Nr. 706 Taf. 129, 161 s.v. ,,Achilleus" (A. Kossatz-Deissmann). LIMC I (1981), 833 Nr. 2 Taf. 664 s.v. ,,Antilochos" (O. Touchefeu-Meynier). E. Simon, AA 1982, 586 Anm. 46. Dies., The Kurashiki-Ninagawa Museum (1982), 266. Koch 1982, 377, 385 ff., 389, 457 Abb. 418. P. Linant de Bellefonds, AntK 25 (1982), 135 f. M. Hengel, Achilleus in Jerusalem, SitzberAkHeidelberg 1982, 23, 25 f. Taf. 28. LIMC II (1984), 930 f. Nr. 2 Taf. 681 s.v. ,,Astyanax" (O. Touchefeu).

G: Kastenfragmente eines Achilleussarkophages (Abb. 2 ff.)
M: L 2,70 m, T 1,25 m, H 1,15 m
F: ,Tor der Verfolgung'
A: Woburn Abbey
B: Siehe oben S. 11 ff.

---

[1] Im Katalog sind folgende Abkürzungen benutzt:
  G — Gegenstand
  M — Maße
  F — Fundort
  A — Aufbewahrungsort
  B — Beschreibung
  Zu weiteren Abkürzungen vgl. oben das Verzeichnis.

**Ephesos B:**

J. Keil, Öjh 25 (1929), BB 46 ff. Ders., Öjh 26 (1930), BB 7 ff. G. Rodenwaldt, JdI 45 (1930), 135 f. Ders., JHS 53 (1933), 182 Anm. 8. A. Aziz, Guide du Musée de Smyrne (1933), 31 Abb. F. Eichler, JdI 59/60 (1944/45), 128 f. Nr. 1. Ders., Öjh 36 (1946), HB 88 Anm. 10, 89 Anm. 16, 89 f. Anm. 24, 94 Anm. 42, 96 Anm. 45. B. Andreae, Motivgeschichtliche Untersuchungen zu römischen Schlachtsarkophagen (1956), 88 Anm. 6. Kallipolitis 23 Nr. 107. Himmelmann-Wildschütz 26 Anm. 9. Ch. Haas, Zur Ornamentik der attischen Sarkophage der römischen Kaiserzeit, unpubl. Diss. Wien 1959, 119. Giuliano 47 Nr. 249. Ders., ArchClass 14 (1962), 242 Anm. 8. F. Eichler, AnzAk 1963, 59. H. Wiegartz, Gnomon 37 (1965), 614. R. Turcan, Les sarcophages romains a représentations dionysiaques (1966), 255. G. Ferrari, Il commercio dei sarcofagi asiatici (1966), 33. Himmelmann 23. RE Suppl. XII (1970), 1677 s. v. „Nachträge Ephesos B" (W. Alzinger). A. Bammer - R. Fleischer - D. Knibbe, Führer durch das Archäologische Museum in Selçuk (1974), 90 f. G. M. A. Hanfmann, From Croesus to Constantine (1975), 68 Abb. 144. Wiegartz 1975, 214 Anm. 292. E. Fabbricotti, ArchClass 27 (1975), 41 Anm. 2. G. Koch, AA 1978, 127 Anm. 37. Giuliano - Palma 36 Nr. 3 Taf. 36, 89. G. Alföldi-Rosenbaum, Neue Funde (1979), 215. R. Merkelbach - J. Nollé, Die Inschriften von Ephesos VI (1980), 85 f. Nr. 2121, 97 Nr. 2204 A. W. Oberleitner, JbKS 77 (1981), 81. Koch 1982, 373 Anm. 68, 407, 409 Nr. 28, 457, 459 Abb. 441. Ders., BJB 182 (1982), 180, 693 Nr. 5. Ders., DaM 1 (1983), 146 Anm. 75. G. Kuhn, AM 99 (1984), 203 f. Anm. 34.

G: Kastenfragmente eines Schlachtsarkophages und Klinendeckel (Abb. 28—30)
M: L 2,70 m, T 1,17 m, H (des Kastens) 1,205 m, H (des Deckels) 1,28 m
F: Grabhaus der Cl. Antonia Tatiana
A: Die Kastenfragmente befinden sich im Museum Selçuk, im Skulpturendepot Ephesos und im Archäologischen Museum in Izmir. In Izmir wird auch der Klinendeckel unter der Inv.Nr. 34 aufbewahrt.
B: Dieser Sarkophag wird als Gegenstand einer gesonderten Untersuchung vorgelegt werden.


**Ephesos C:**

J. Keil, Öjh 25 (1929), BB 47 f. Abb. 28. Ders., Öjh 26 (1930), BB 11. G. Rodenwaldt, JdI 45 (1930), 135 f., 139 Anm. 3, 186. F. Eichler, JdI 59/60 (1944/45), 129 Nr. 2. Ders., Öjh 36 (1946), HB 89 Anm. 16. Kallipolitis 25 Nr. 124. Ch. Haas, Zur Ornamentik der attischen Sarkophage der römischen Kaiserzeit, unpubl. Diss. Wien 1959, 119. Giuliano 47 Nr. 252. Koch 1982, 372 Anm. 48.

G: Kastenfragmente und Klinendeckel eines Amazonensarkophages (?)
M: Gr. Fragment: L max. 0,68 m, T max. 0,5 m, H max. 0,28 m
   Klinendeckel: L 2,265 m, T 1,09 m, H max. 0,8 m
F: Grabhaus der Cl. Antonia Tatiana
A: Der Klinendeckel befindet sich im Archäologischen Museum in Izmir unter der Inv.Nr. 2, die Kastenfragmente mit der Inv.Nr. 352 bzw. ohne Nummer im Skulpturendepot der unteren Agora von Ephesos.
B: Die Kastenfragmente (Abb. 31 f.)
   Erhalten geblieben ist zunächst ein Bruchstück des unteren Kastenbereiches, das auf Grund der Tiefe des figürlichen Reliefs zu einer der beiden Hauptseiten des Sarkophages gehört haben muß. Im Sockel war demnach ein großflächiges *kyma* gebildet[2], das mit einem Blattfries überzogen war. Unserem Teilstück davon sind kleine

---

[2] Vgl. die Sarkophage Tlos, A. Balland, RA 1976, 138 Abb. 8; Saloniki, Koch 1982, Abb. 445; Antalya, Giuliano - Palma Taf. 45, 109; Tyros, Koch 1982, Abb. 443; Leningrad, JHS 53 (1933), Taf. 12 und Xanthos, JHS 53 (1933), Taf. 11.

Figuren eingeschrieben, von denen noch ein Panther (?) nach rechts zu erkennen ist. Wenige Reliefreste trägt die Standleiste. Links ist der Teil eines rechten Oberschenkels mit Knie erhalten, über den ein Gewandstück gebreitet ist. Vermutlich handelt es sich um eine *exomis*. Zur selben Figur zählt das untere Stück eines linken Unterschenkels mit Fuß, der in einem Fellstiefel steckt. Das Überkreuzen der Beine einer am Boden sitzenden Gestalt wird deutlich, sodaß der im Hintergrund liegende, rechte Fuß zugehörig sein mag. Rechts daneben folgt ein Helm, an den ein Küraß schließt. Über ihn ist ein Mantel gelegt.

Ein weiteres Fragment gibt die Gestaltung des oberen Kastenabschlusses zu erkennen. In der Art des bekannten Achillsarkophages Rom war offenbar ein Gorgonenkyma gebildet[3]:

Abb. 32: Beinfragment mit Stiefelüberschlag: H 7,9 cm, B 4,6 cm

    *kyma:* B 15,9 cm, H 10 cm

Die obere Leiste schmückte ein Tierfries, von dem unser Teilstück einen gestürzten Stier (?) nach links bewahrt hat.

Einen ersten Hinweis auf die Deutung des Bruchstückes geben die Waffen, die zunächst auf einen Amazonen-, Schlacht- oder Achilleussarkophag verweisen. Ein Amazonensarkophag wird wahrscheinlich, wenn wir die Sitzgestalt beurteilen. Sie gleicht in Motiv, Kleidung und Schuhwerk einem Figurentypus[4], der von anderen attischen Beispielen geläufig ist[5]. Allerdings ist mir keine Parallele bekannt, die die Reliefreste unseres Bruchstückes in einem größeren Zusammenhang zeigt.

## Der Klinendeckel (Abb. 33 ff.)

Von seinem älteren, aus demselben Grabhaus stammenden Gegenstück unterscheidet sich dieser Klinendeckel durch den Vorderseitenschmuck der Matratze. Statt der Verschnürung und der metopenartigen Dekorfelder ist die gewölbte Fläche einheitlich mit einem dichten Blätter- und Rankenwerk überzogen, in das Tiere eingeschrieben sind[6]. Links beginnend folgen auf einen Hasen nach links ein Hund nach rechts, ein Eber nach links und das Mittelmotiv der Arabeske. Rechts davon sind ein Steinbock nach rechts und wiederum ein Hund nach innen gezeichnet (Abb. 33). Nicht mehr sichtbar ist das sechste Tier rechts außen. Je eine leichte Ritzlinie hebt den Schmuck nach oben und unten hervor.

Das erhaltene, linke *fulcrum*[7] zeigt an seiner Stirn das bekannte vertikale Binnenfeld[8], in das ein florales Motiv gesetzt ist. Daran schließt nach innen ein kurzes Vogelkopfprotom (Gans?). Die Außenseiten der *fulcra* sind als große *kymata* gebildet, die mit Blattfriesen geschmückt sind. Die entsprechende Fläche der Rückenlehne ist grob angespitzt belassen (Abb. 34). An den Schmalseiten des Deckels sind zudem die Einarbeitungen für die Verklammerung vorgenommen.

---

[3] Eichler, JdI 59/60 (1944/45), 129 Nr. 2.

[4] Redlich 59: Typus $O_2$.

[5] Vgl. z. B. Giuliano - Palma Taf. 43, 104 (ganz rechts), aber besonders Giuliano - Palma Taf. 38, 95 (ganz links). Schon Kallipolitis deutete das Fragment auf den Rest einer Amazonomachie. Ihm folgt darin Giuliano.

[6] Weitere Beispiele dieser Ornamentik:
Fragment Kyrene: A. L. Pietrogrande, AfrIt 3 (1930), 117 f. Nr. 10 Abb. 15. Fragment Salerno: G. Rodenwaldt, JdI 45 (1930), 137 Abb. 15 f. G. Koch, BJB 180 (1980), 56 ff. Abb. 5 ff. Athen: C. Gasparri, ASAtene 52/53 (1974/75), 382 Abb. 88.

[7] Zu diesem terminus vgl. H. Blümner, Die römischen Privataltertümer (1911³), 112 ff. (= HdArch IV, 2), sowie A. Greifenhagen, RM 45 (1930), 137 und A. Koeppen - C. Breuer, Geschichte des Möbels (1904), 200 f.

[8] Vgl. das Exemplar Ptolemais, Pietrogrande a.O. 112 Abb. 6.

Bemerkenswert ist die Anlage der Rahmenleisten an drei Seiten (Abb. 34), eine Anordnung, die für attische Klinendeckel selten ist [9]. An den Schmalseiten sind sie mit
einem floralen Ornament versehen.

Auf der Matratze liegen die beiden Polster, die übliche Haltung und Gewandung der
Klinenfiguren ist vorauszusetzen. Vermutlich war jedoch der linke Unterarm der
Frau leicht gehoben, zumal auf ihrem Kissen keine puntelli festzustellen sind. Demnach muß sie ihr Attribut, so eines vorhanden gewesen ist, in der rechten Hand
gehalten haben [10]. Die grob gearbeitete, rechte Hand des Mannes liegt auf seinem
rechten Knie, die linke ist in gewohnter Weise auf eine geöffnete Buchrolle gelegt.
Im Sinne einer Vereinfachung fällt neben der flachen und schematischen Angabe der
Kissen das Fehlen des jeweils linken Beines beider Liegefiguren auf [11]. Weiterhin ist
nur der vordere Bereich der Matratzenoberseite und der Figuren geglättet, zwischen
ihren Unterschenkeln ist ein Steinkeil roh belassen (Abb. 35).

## Ephesos D:

E. Chishull, Travels in Turkey and back to England (1747), 26. Views in the Ottoman Dominion in Europe
in Asia and some of the Mediterranean Islands from the Original Drawings taken for Sir Robert Ainslie by
Luigi Mayer, London 1810, Taf. 37. Prokesch von Osten, Erinnerungen aus Ägypten und Kleinasien II (1830),
286. Ders., Denkwürdigkeiten und Erinnerungen an den Orient II (1836), 96. C. Robert, ASR II (1890), 57.
G. Weber, Guide de Voyageur à Ephèse (1891), 12. O. Benndorf, FiE I (1900), 108. G. Rodenwaldt, JdI 45
(1930), 186. F. Eichler, JdI 59/60 (1944/45), 129 Nr. 7. Kallipolitis 27 Nr. 157. W. Alzinger, Die Stadt des
siebten Weltwunders (1962), 187. Giuliano 48 Nr. 253. J. Keil, Ephesos. Ein Führer durch die Ruinenstätte
und ihre Geschichte (1964[5]), 32 f. F. Matz, ASR IV, 1 (1968), 91, 93, 121 Anm. 120. C. Foss - P. Magdalino,
Rome and Byzantium (1977), 9 Abb. Koch 1982, 425 f., 432 Nr. 52, 433 Nr. 65 a, 458 Abb. 451.

G:  Erotensarkophag
M:  Nicht bekannt
F:  ‚Tor der Verfolgung‘
A:  ‚Tor der Verfolgung‘
B:  Siehe oben S. 30 ff., Abb. 1, 3, 19 ff.

## Ephesos E:

J. Keil, Öjh 27 (1932), BB 69. F. Eichler, JdI 59/60 (1944/45), 129 Nr. 5. Kallipolitis 31 Nr. 201. Giuliano 48
Nr. 255. Koch 1982, 396.

G:  Hippolytossarkophag
M:  Nicht bekannt
F:  Nekropole nördlich des Hafenkanals
A:  Museumsdepot Selçuk
B:  Fundumstände
    Anläßlich der Nachuntersuchungen in der Nekropole nördlich des Hafenkanales, die
    die Bergung des Amazonensarkophages [12] zum Zweck hatten, wurden im Umkreis

---

[9] Koch 1982, 372.
[10] Vgl. den Klinendeckel Ptolemais (oben Anm. 8).
[11] Vgl. dazu den Klinendeckel des Qu. Ae. Aristides (Abb. 29).
[12] Siehe oben S. 33 ff.

verschiedentlich Sarkophagfragmente gefunden[13]. Diese Bruchstücke faßte Eichler, der an dieser Grabungskampagne teilgenommen hatte, späterhin unter dem Namen ,,Sarkophag E'' zusammen[14]. Ein handschriftliches Blatt aus seinem Nachlaß gibt den Überblick[15]:

,,Grabhaus am Hafen:

Sarkophag E: Figuren ca. 1/2 lebensgroß.

1. Frauenkopf
2. Ein gelockter Jünglingskopf
3. Pferdekopf
4. Ein Bauch und rechter Oberschenkel
5. Ein linkes nacktes Bein (Oberschenkel — Fuß)
6. Ein rechtes nacktes Bein
7. Eine rechte Hand mit Schwertgriff
8. Ein flatterndes Gewandstück mit Flügel (?)
9. Ein Hundekopf
10. Eine rechte Schulter und Rückenstück mit chlamys und hoch erhobenen Unterarm
11. Ein Arm
12. Zwei Stücke eines Pferdekopfes
13. Dioskurenkopf (?) (gelockter Jüngling mit Hut)
14. Zwei untere Randstücke mit Blattwelle.''

Zwei Skizzenblätter, die ebenfalls aus dem Jahre 1930 stammen[16], führen insgesamt zehn Fragmente nebst Skizze auf. Darunter sind:

- ein Sockelstück mit ornamentiertem Binnenfeld und hockendem Tier nach rechts (Abb. 36);
- zwei Fragmente einer Keule;
- die beiden Bruchstücke 7 und 8 der vorgenannten Liste;
- der Rest einer geschmückten Sockelzone;
- sowie zwei Fragmente eines oberen Profiles, darunter eines, das mit dem schlangenumwundenen Kopf eines Gorgoneions dekoriert ist[17] (Abb. 37 f.).

Von diesen Fragmenten sind heute noch die Köpfe 1, 2, 13 aus Eichlers Liste nachweisbar sowie einige wenige Kastenfragmente:

---

[13] Vgl. oben S. 34 die Tagebuchnotiz vom 14. 10. 1930. Am darauffolgenden Tag vermerkt Keil:
,,E) Sarkophage:
An der uns bezeichneten Stelle wird ein mächtiger, aber nur mit unausgeführten Girlanden geschmückter Sarkophag ausgegraben, der in einem Grabhaus steht. Neben ihm im Schutte ... viele Fragmente eines zerschlagenen Reliefsarkophages, der anscheinend Jagdszenen (und Kampf?) enthielt, da neben Menschenköpfen auch solche von Pferden und Hunden gefunden sind. Von diesem Sarkophag bisher kein größeres Stück.''
Den Fund weiterer Bruchstücke vermerkt Keil auch für den nächsten Tag. Vgl. J. Keil, Öjh 27 (1932), BB 69.

[14] Keil, Öjh 27 (1932), BB 70.
Eichler vermutete für den Grabbau der Tatiana vier Sarkophage, also die Exemplare A—D. Daraus ergab sich die Bezeichnung ,E' für die Fragmente.

[15] Eichler, N.Bl. 299 ohne genaues Datum aus dem Jahr 1930.

[16] Eichler, N.Bl. 294 f. ohne genaues Datum aus dem Jahr 1930.

[17] Eichler, JdI 59/60 (1944/45), 129 Nr. 5.

Abb. 36: Vier Kastenfragmente

    a) Sockelfragment mit Panther (?) nach rechts auf Standleiste und Rest der Schmuckzone

       H 18 cm, B 8,5 cm

    b) Rest eines Pferdebeines

       H 10 cm, B 3,7 cm

    c) Rest einer Keule

       H 14,1 cm, B 3,8 cm

    d) Gewandfragment

       B 18,6 cm, H 9 cm

Abb. 37: Fragment des oberen Profiles mit Gorgoneion

    H 14,5 cm, B 7 cm

Abb. 38: Fragment eines oberen Profiles mit Gorgoneion

    An diesem Bruchstück ist die obere Abschlußleiste mit ihrem Blattdekor erkennbar sowie der Auflagefalz für den Klinendeckel. Ebenfalls erhalten hat sich die Wandstärke des Sarkophagkastens (15,3 cm).

    H 10,5 cm, B 24 cm


Beschreibung

1. Der Frauenkopf[18] (Abb. 39):

„Kopf einer alten Frau, Schleier über dem Haar:

Marmor feinkörnig, poliert[19]. Aus zwei Stücken gekittet. Rechte Seite Ansichtsseite, links flacher, Haar summarischer, daher sicher nach rechts.

H 13 cm, B 12,8 cm, T (in der Lage im Relief) 9 cm.

Mund geöffnet, obere Zahnreihe (sichtbar). Zwei steile Falten an der Nasenwurzel und zwei Querrunzeln; zwei scharfe Runzeln an der rechten Wange. Altersrunzeln selbst am äußeren Ohrrand und der rechten Wange. Haar nur rechts gebohrt. Schläfensträhne unter dem rechten Ohr.

Schleierfalten nur an der Ansichtsseite, unterer Rand lebhaft bewegt. Äußerer Brauenbogen, scharf eingegrabene Bogenlinie (an beiden).

Stücke derselben stilistischen Eigenart wie am Schleier auch an einigen Armfragmenten u. a. m. aus dem Hafen."[20]

---

[18] Vgl. Eichler, JdI 59/60 (1944/45), 129 Nr. 5: „Kopf der Amme". Das Fragment befindet sich heute im Museumsdepot Selçuk unter der Inv.Nr. 114. Den Hinweis und Abbildungen verdanke ich M. Aurenhammer.

Auf Grund einer Photographie und der Beschreibung im Nachlaß Eichlers fiel die Identifikation dieses Bruchstückes mit Eichler, N.Bl. 229 Nr. 1 leicht. Dagegen beruht die Benennung der beiden übrigen Köpfe mit Eichler Nr. 2 und Nr. 13 auf Übereinstimmungen handwerklicher Art mit dem „Kopf der Amme". Ein direkter Nachweis, daß sie aus den Grabungen am Hafenkanal des Jahes 1930 stammen, ist heute nicht mehr zu führen.

[19] Vgl. die Charakteristik des Steines der Bruchstücke: Eichler, N.Bl. 290 ohne Datum:

„Feinkörniger weißer Marmor, dicht im Gefüge (wohl pentelisch), scharfkantig und in dünnen Splittern brechend, glimmerhaltig (auch in starken Schichten), von eigentümlich grünlicher Farbe (Einfluß des Sumpfwassers?)."

[20] Eichler, N.Bl. 293 ohne Datum.

2. Der Jünglingskopf „mit Hut"[21] (Abb. 40):
Seine linke Gesichtshälfte hat die Betonung der Ansichtsseite erfahren. Sie ist stärker gewölbt und breiter angelegt. Das Entsprechende zeigt die Haarausarbeitung. An der rechten Schläfe summarisch gehalten, sind sie über dem linken Ohr tiefer unterschnitten. Im Abbruch an der linken Seite der hutartigen Kopfbedeckung ist möglicherweise der Übergang zum Reliefgrund zu erkennen, sodaß schließlich eine Dreiviertelvorderansicht für den Kopf wahrscheinlich ist.
Eine außerordentliche Übereinstimmung in Details der handwerklichen Bearbeitung verbindet den Jüngling mit dem „Kopf der Amme". Die Augen zeigen den gleichen Schnitt, die Brauen den nämlichen Schwung, der vermittels des Bohrers getroffen ist[22]. In ähnlicher Weise sind die Augeninnenecken als Negativformen gestaltet. Die Übereinstimmung betrifft weiterhin die Bildung der Mund- und Kinnpartien sowie die optische Öffnung der Haare durch tiefe Schattenelemente. Ein Detail wie die gleichartige Querrunzel an den Stirnen beider Köpfe bestätigt unsere Vermutung.
Das Wiederkehren der handwerklichen Besonderheiten kann als Kriterium dafür gelten, daß beide Köpfe zu einem Sarkophag gehören, auf Grund ihrer Qualität möchte man sie den Hauptseiten zuordnen.

3. Jünglingskopf[23] (Abb. 41):
Der leicht geöffnete Mund mit den wulstigen und geschwungenen Lippen sowie das runde Kinn erinnern an die beiden vorgenannten Köpfe. Weitere Indizien sind der Augenschnitt, besonders die langgezogenen äußeren Lidenden und die nur gering geschwungenen, gebohrten Brauen. Die Gestaltung der Haare durch formende Schattenlinien widerspricht dieser Einordnung nicht.
Entsprechend der Photographie möchten wir auch für diesen Kopf die Dreiviertelvorderansicht annehmen.

Deutung
Wie Eichler[24] bereits festgestellt hat, ist das kurze Tuch einer nach rechts gewandten alten Frau für die „Amme" der Hippolytossarkophage charakteristisch[25].Der Versuch, auch den Jünglingskopf Nr. 2 einem Sarkophag dieser Thematik zuzuordnen, stößt nur anfänglich auf Schwierigkeiten. Für seine Interpretation kann als antiquarisch wichtiges Detail nur die Kopfbedeckung ausgewertet werden. Sie ähnelt einer Kappe mit flach auslaufender Krempe nach allen Seiten und kann damit als *petasos* bezeichnet werden. Doch ist dieser Hut nicht nur als Attribut des Hermes geläufig, der auf attischen Sarkophagen selten und dann barhäuptig auftritt[26], sondern er ist auch als allgemeines Kennzeichen für Jäger verwendet[27]. Es tragen ihn

---

[21] Das Bruchstück befindet sich heute im Museumsdepot Selçuk. Hinweis und Abbildung verdanke ich wiederum M. Aurenhammer.
[22] Vgl. dazu Himmelmann-Wildschütz 25. F. Matz, Gnomon 38 (1966), 71. G. Koch, ASR XII, 6, 76.
[23] Der Kopf befindet sich heute in einer Vitrine des Museums Selçuk.
[24] Eichler, JdI 59/60 (1944/45), 129 Nr. 5.
[25] Vgl. beispielsweise die Sarkophage Beyrouth, Koch 1982, Abb. 425; Agrigent, Koch 1982, Abb. 426; Arles, ASR III, 2, Taf. 50 und Leningrad, Saverkina Taf. 15.
[26] In der Episode um die Lösung Hektors auf beiden Langseiten.
[27] RE XIX (1938), 1120 s.v. „petasos" (E. Schuppe).

daher häufig die Jagdgefährten von Meleager und Hippolytos auf attischen Sarkophagen[28].

Wir möchten somit alle drei Köpfe vermutungsweise der Vorderseite eines jener Hippolytossarkophage zuordnen, die „dem Betrachter schöne Menschen von heroischer Gestalt gegenüberzustellen"[29] suchen. Weder inhaltlich noch einem entsprechenden Zeitansatz nach dem „Stilwandel" zuwider laufen die übrigen Kastenfragmente[30].

### Ephesos F:

J. Keil, Öjh 17 (1914), HB 133. Ders., Forschungen und Fortschritte 7 (1931), 66. Ders., Öjh 27 (1932), BB 68 f. Abb. 48. Redlich 40 f., 49, 51 f. F. Eichler, JdI 59/60 (1944/45), 129 Nr. 4. Ders., Öjh 36 (1946), HB 89. B. Andreae, Motivgeschichtliche Untersuchungen zu römischen Schlachtsarkophagen (1956), 32 Nr. 6, 36 Nr. 10. Kallipolitis 24 Nr. 114. Ch. Haas, Zur Ornamentik der attischen Sarkophage der römischen Kaiserzeit, unpubl. Diss. Wien 1959, 118 f. Giuliano 47 Nr. 251. RE Suppl. XII (1970), 1678 s.v. „Ephesos Nachträge B" (W. Alzinger). Giuliano - Palma 36 Nr. 1 Taf. 36, 88. Saverkina 22. W. Oberleitner, JbKSWien 77 (1981), 81. LIMC I (1981), 621 Nr. 530 Taf. 502 s.v. „Amazones" (P. Devambez). Koch 1982, 391 Anm. 14.

G:  Amazonensarkophag
M:  L 2,62 m, T 1,165 m, H max. 0,95 m. L (der Rückseite) 2,54 m
F:  Nekropole nördlich des Hafenkanales
A:  Museum Selçuk, Inv. 260
B:  Siehe oben S. 33 ff., Abb. 22 ff.

### Ephesos G:

Himmelmann 23 Abb. 15.

G:  Amazonensarkophag (?)
M:  H max. 0,51 m, B max. 0,42 m, T max. 0,14 m
F:  Streufund
A:  Im Depot des Efes Müzesi, Selçuk unter Inv. 1883
B:  Siehe Himmelmann 23

### Ephesos H:

Michaelis 1882, 590 Nr. 218, I. C. Robert, ASR II (1890), 54 Nr. 42 Taf. 20. G. Rodenwaldt, JdI 45 (1930), 186. F. Eichler, JdI 59/60 (1944/45), 130 Nr. 8. Kallipolitis 23 Nr. 105. Giuliano 48 Nr. 256. LIMC I (1981), 62 Nr. 142. Koch 1982, 409 Nr. 50.

---

[28]  Meleagersarkophage:
    Istanbul: Koch, ASR XII, 6, 144 f. Kat. 176 Taf. 138. Damaskus: Koch 1982, Abb. 430. Split: Koch, ASR XII, 6, Kat. 178 Taf. 139.
    Hippolytossarkophage:
    Agrigent: ASR III, 2, Taf. 49. Arles: ASR III, 2, Taf. 50.
[29]  Wiegartz 1975, 199 Anm. 222.
[30]  Für einen nach rechts sitzenden Hund vgl. den Sarkophag Agrigent (oben Anm. 28), für einen Keulenträger noch das Exemplar Leningrad (oben Anm. 25).

G:  Schlachtsarkophag (?)
M:  L max. 0,32 m, H max. 0,37 m
F:  ,,Ephesòs''
A:  Ashmolean Museum, Oxford
B:  (Abb. 42)

Das Bruchstück stammt von einem oberen Kastenrand, der Auflagefalz für den Deckel ist noch erkennbar. Von der Ornamentik haben sich der Astragal und darüber der stark beschädigte Eierstab erhalten; das weiterhin anzunehmende, lesbische *kyma* ist weggebrochen.

Das Profil wird von einem verhältnismäßig kleinen, pausbäckigen und behelmten Kopf überschnitten, dessen Mund nach links die *tuba* bläst. Daran schließt nach rechts ein weiterer Reliefrest: eine gerundete Bruchfläche umschließt eine konkave, geglättete Eintiefung. In der Zeichnung, die Robert zur Verfügung stand, ist dieser Bereich unklar wiedergegeben, woraus seine mißverständliche Deutung als ,,Torso ... einer Eckherme'' erfolgte. Es handelt sich vielleicht um den erhobenen, rechten Arm einer Figur.

Deutung

Trompetenbläser können im Rahmen von Amazonen-[31], Schlacht-[32] und Achilleus- sarkophagen[33] gegeben sein. Die genauere Zuordnung des Fragmentes scheint nicht möglich.

Das umfangreiche und vermutlich vollständige, obere Profil, seine Überschneidung durch den *tubicen* und die Aufbohrung des Zwischenblattes im ionischen *kyma* sprechen für eine Datierung des Bruchstückes in die Jahre um 200.

**Ephesos I:**

Michaelis 1882, 590 Nr. 218, II. C. Robert, ASR III, 3 (1919), 549 Nr. 42. G. Rodenwaldt, JdI 45 (1930), 186. F. Eichler, JdI 59/60 (1944/45), 130 Nr. 8. Kallipolitis 23 Nr. 105. Giuliano 48 Nr. 256. LIMC I (1981), 62 Nr. 142. Koch 1982, 409, Nr. 51.

G:  Achilleussarkophag (?)
M:  Nicht bekannt
F:  ,,Ephesos''
A:  Ashmolean Museum, Oxford
B:  (Abb. 43)

Wie das zuvor genannte Fragment zählt auch dieses zum oberen Rand eines attischen Sarkophagkastens. Allerdings ist der Deckelfalz auf der Photographie nicht erkenn- bar. Unter einer vermutlich glatt belassenen Deckleiste sind ein Perlstab, ein ionisches und ein lesbisches Kymation gestaltet. Ein nach links weisender, bärtiger Kopf über- schneidet Astragal und Eierstab. In seiner Kopfbedeckung ist wahrscheinlich eine phrygische Mütze, vielleicht auch ein *pilos*[34] zu erkennen. Der Reliefrest vor dem Bart gehört vermutlich seiner Hand an, die er zum Kinn führt. Der Abbruch einer weiteren gegenständlichen Form vor seinem Gesicht ist nicht mehr bestimmbar.

---

[31] London: ASR II, Nr. 113 Taf. 47 und ASR II, Nr. 110 Taf. 45. Athen: ASR II, Nr. 70 Taf. 30.
[32] Z. B. ein Exemplar in Saloniki, Koch 1982, Abb. 445.
[33] Vgl. London, Koch 1982, Abb. 412.
[34] Anders Robert, ASR III, 3, 549 Nr. 42: ,,Helm''.

Deutung

Das Motiv des stehenden, bärtigen Mannes mit Kopfbedeckung, der seine Hand zum Kinn führt, ist schwierig einzuordnen. Als mögliche Parallele ist die Mittelgruppe eines Achilleussarkophages in Beyrouth [35] zu nennen. Die Zusammengehörigkeit der beiden Fragmente in Oxford ist nicht erwiesen. Erst ein Maßvergleich könnte dies nahelegen [36]. Keinesfalls ist jedoch ein drittes, ebenfalls aus Ephesos stammendes Sarkophagfragment, das sich im Ashmolean Museum befindet [37], einem attischen Sarkophag zugehörig [38]. Den für ‚Ephesos H' zur Datierung genannten Kriterien ist für dieses Bruchstück nichts hinzuzufügen.

**Ephesos J:**

F. Eichler, JdI 59/60 (1944/45), 130 Nr. 9. Kallipolitis 23 Nr. 68. Giuliano 48 Nr. 257. Koch 1982, 409 Nr. 29.

G:  Schiffkampfsarkophag
M:  L max. 0,57 m, H max. 0,3 m, T max. 0,195 m
F:  Johannesbasilika auf dem Ajasoluk, 1930
A:  Im Depot des Museum Selçuk unter der Inv. 48
B:  (Abb. 44)
    „Feinkörniger weißer Marmor (wie die Sarkophage aus dem Tatiana-Grabhaus). Ringsum Bruch. Oberteil des Kopfes, rechter Arm, beide Fußspitzen abgebrochen. Fußleiste eines Sarkophagreliefs, unten 8 cm vorspringend. Die Sarkophagwand setzte sich darunter nach unten fort.
    Gefallener nackter Krieger mit Schild am Arm; er wurde von einem anderen am rechten Arm emporgehalten, so daß der Rumpf gehoben ist und der Kopf sich auf die Brust herabneigte. Unter der rechten Brust des Gefallenen ist die Wunde (herabrinnendes Blut, eingegraben) angegeben.
    Wellenlinien unter dem Liegenden und am Grund zwischen Schildrand und linkem Fuß, auch zwischen den Füßen, offenbar strömendes Wasser.
    Reichliche Verwendung des Bohrers."[39]

Deutung

Die nächste Parallele für eine in dieser Weise gestürzte Gestalt gibt, wenngleich ohne Schild, die rechte Schmalseite des Aristidessarkophages [40] (Abb. 28). In der von Eichler beschriebenen Art hält dort ein Kämpfer nach rechts den Gefallenen aufrecht. Wegen der Wellenzeichnung unter dem rechten Bein der Liegefigur möchte man dieses Bruchstück einem Schiffkampfsarkophag zuweisen.

---

[35] Koch 1982, Abb. 414.

[36] Michaelis, der die Zusammengehörigkeit der beiden attischen Fragmente in Oxford voraussetzte, brachte sie auf Grund des Trompeters mit einer Darstellung des Achill auf Skyros in Zusammenhang. Ihm folgt Robert, obwohl er die Bruchstücke zwei Sarkophagen zuschreibt. Als erster vermutete Eichler in beiden Fragmenten mit Zweifel einen Schlachtsarkophag, und unter einer Nummer nennen sie auch Kallipolitis und Giuliano. Zuletzt trennt Koch sie wieder und reiht sie unter die Schlachtsarkophage, Kossatz-Deissmann aber schließt sich wiederum Michaelis an.

[37] Michaelis a.O. 591 Nr. 219. Robert, ASR III, 3, Nr. 42. Giuliano 77 Nr. 417.

[38] Vgl. H. Wiegartz, Gnomon 37 (1965), 615 Nr. 417.

[39] Eichler, N.Bl. 332 ohne Datum.

[40] Vgl. auch noch den Schlachtsarkophag in Antalya, Giuliano - Palma Taf. 45.

**Ephesos K:**

G. Koch, ASR XII, 6, 34, 118 Anm. 5. Ders. 1982, 418 f., 409 Nr. 30.

G: Achilleussarkophag (?)

M: L max. (der Vorderseite) ca. 0,25 m, T max. (entlang der Schmalseite) ca. 0,45 m, H nicht bekannt, Wandstärke ca. 0,16 m [41].

F: Johannesbasilika: ,,Südlich der Apsis, bzw. im südöstlichen Teil der Kirche selbst gefunden, in eine Mauer verbaut (gewesen)'' [42], 1961.

A: Nicht bekannt. Vermutlich im Skulpturendepot auf dem Ajasoluk unter der Inv. Nr. M 61/106 [43].

B: (Abb. 45 f.)

Das Bruchstück stammt von der rechten, vorderen Ecke eines attischen Sarkophagkastens. Die obere Leiste mit dem Deckelfalz ist erhalten, sonst verläuft rundum die unregelmäßige Bruchline. Auf Grund der größeren Relieftiefe zählt der Pferdebändiger zur Sarkophagvorderseite, die flache Hinterarbeitung des Helmträgers weist jenen der rechten Schmalseite zu.

Die rechts und frontal gegebene Rahmenfigur der Vorderseite ist nackt [44]. Nach einem Wulst am Hals zu urteilen, war der behelmte Krieger leicht nach links hin zu dem Pferd gewandt. Die Unruhe des Tieres kommt in dessen schräggestelltem Kopf zum Ausdruck, der aus dem Hintergrund herausgeführt ist [45], sowie in seinem erhobenen, linken Vorderbein. Der erhobene, rechte Arm des Mannes hielt es vermutlich am Zügel zurück. Mit der Bewegung dieses Bildes stimmt das links vom Rossebändiger in einigen Falten gebauschte Tuch überein. Der Mantel ist entlang seines Rückens zum linken Unterarm geführt, über den ein Ende gelegt ist, und fällt von dort zu Boden. Darauf war in die Armbeuge das ruhende Schwert gelegt, von dem sich der Rest der Scheide erhalten hat.

Auffallend ist neben der großen Relieftiefe das Zurücktreten des oberen *kymas*, von dem zwischen den Köpfen nur wenige Blattspitzen beinahe unmerkbar gezeichnet sind.

Vollständiger zeigt dagegen die nachgeordnete Schmalseite die übliche Form des Blattfrieses. Im Relief ist hier ein Gefallenentransport festgehalten [46]. Ein in Helm, Panzer und *pteryges* gerüsteter Krieger hält einem toten Gefährten mit beiden Armen von hinten die Brust umfangen und trägt ihn offenbar mit einem zweiten Griechen nach rechts. Jener zweite Träger wird die Füße des Toten aufgenommen haben, nur so ist die Gruppe richtig zu verstehen. Der Gefallene ist durch seine geschlossenen

---

[41] Maße nach einer Zeichnung Eichlers.

[42] Eichler, N.Bl. 318 vom 11. 1. 1962.

[43] Eichler, N.Bl. 320 vermutlich aus dem Jahr 1962:
,,M = mezarlık, Friedhof''.

[44] Beschädigungen:
Dieser Gestalt fehlen Gesicht und Haarschopf, die linke Hand und teilweise der rechte Arm, weiterhin das Genital und außer den Ansätzen beide Beine.

[45] Beschädigungen:
Die Schnauze des Pferdes ist weggeschlagen wie auch ein Teil seines linken Vorderbeines.

[46] Beschädigungen:
Dem Träger fehlen die Nase, teilweise der linke Arm und die rechte Hand sowie die Beine, soferne sie angegeben waren. Der Tote zeigt Beschädigungen im Gesicht und an der rechten Hand, der linke Arm fehlt.

Augen und den schlaff herabhängenden Arm eindeutig charakterisiert. Er trägt noch das Wehrgehänge, von dem an seiner linken Schulter der Gurt und der Rest des Schwertes an der rechten Hüfte zu erkennen sind. Um einen Spieß könnte es sich bei einem weiteren Rest handeln, der sich im oberen Bereich vom Reliefgrund abhebt.

Die handwerkliche Ausarbeitung dieser Sarkophagseite erinnert an die rechte Schmalseite des Exemplares in Woburn Abbey (Abb. 13). Wie dort sind Konturlinien erhalten geblieben, die auf dem nicht vollständig abgetragenen Reliefgrund zu verfolgen sind. Details, wie die *pteryges* des Kriegers, sind nicht gezeichnet, wie das Relief insgesamt flach gehalten ist.

Deutung
Rossebändiger als rahmende Figuren der Vorderseite zeigen in dieser Weise Achilleus-[47] und Schlachtsarkophage[48]. Eine genauere Zuweisung läßt auch die an der Nebenseite gestaltete Gruppe nicht zu[49].

## Ephesos L:

F. Eichler, JdI 59/60 (1944/45), 129 Nr. 3. Giuliano 48 Nr. 254. Koch 1982, 434 Nr. 74.

G:   Erotensarkophag
M:  Nicht bekannt
F:   Grabhaus der Cl. Antonia Tatiana
A:   Nicht bekannt
B:   Dieser Sarkophag ist mir bisher nicht bekanntgeworden. Ein mitunter erwähnter Dachdeckel aus dem genannten Grabhaus[50], der ihm zugehörig sein könnte, scheint gar nicht gefunden worden zu sein.

## Ephesos M:

Koch 1982, 433 Nr. 65 a.
Siehe oben S. 13.

## Ephesos N:

G:   Hippolytossarkophag (?)
M:  Nicht bekannt
F:   Vermutlich von der Johannesbasilika
A:   Museumsdepot Selçuk

---

[47] Vgl. Beyrouth, Koch 1982, Abb. 414 und Woburn Abbey (Abb. 5), aber besonders die linke Gestalt des Sarkophages Rom, Koch 1982, Abb. 413.
[48] Vgl. Koch 1982, Abb. 442.
[49] Zur Diskussion des Gefallenentransportes vgl. Koch 1982, 418 f.
[50] J. Keil, Öjh 26 (1930), BB 10. G. Rodenwaldt, JHS 53 (1933), 194 Anm. 38. H. Wiegartz, IF 26 (1965), 154 „Ephesos A".

B: (Abb. 47)

Das Bruchstück zählt zum oberen Kastenrand eines attischen Sarkophages. Über einem Stück glatten Reliefgrundes umfaßt die Ornamentik Astragal, ionisches und lesbisches *kyma*, die obere Abschlußleiste zeigte einst ein florales Ornament. Ein stark hinterarbeiteter Jünglingskopf überschneidet das aufgebohrte Profil bis zum Eierstab. Von ihm hat sich die rechte Kopfhälfte über dem Hals erhalten. Wange, Ohr und Haarschopf sind erkennbar geblieben. Demnach wandte sich der Jüngling leicht nach rechts, überdies scheint sein Kopf leicht geneigt gewesen zu sein.

Einige Falten haben sich von seiner, an der rechten Schulter gehefteten *chlamys* erhalten. Ein glatter Reliefrest im linken Bereich könnte einem Pferd angehören, ein weiterer Ansatz rechts unten bleibt undeutbar.

Deutung

Ruhig stehende Jünglinge mit leichter Kopfwendung zeigen beispielsweise Hippolytossarkophage seit der Wende zum 3. Jahrhundert[51], ebenso kommt ein Meleagersarkophag in Betracht.


**Ephesos O:**

G: Hippolytossarkophag (?)

M: Nicht bekannt

F: Vermutlich von der Johannesbasilika[52]

A: Nicht bekannt

B: (Abb. 48 f.)

Das Fragment zeigt ähnliche Form wie ‚Ephesos N'. Ein Stück des oberen Profiles ist erhalten. Gleich jenem anderen weist es wenigstens die beiden, mit dem Bohrer geöffneten *kymata* in Resten auf. Das obere Leistenornament, so es vorhanden war, ist dagegen abgeschlagen. Und schließlich überschneidet auch hier ein Jünglingskopf das obere Ornament. An seinem leicht geneigten und nach rechts gewendeten Haupt[53] fallen die langen, gelockten Haare auf, denen eine phrygische Mütze aufsitzt. Um seine Schultern ist eine *chlamys* gelegt.

Offenbar gehört dieses Bruchstück zum rechten Rand einer Sarkophaghauptseite. Über Eck hat sich eine erhobene, rechte Hand erhalten (Abb. 49), die einen Speer hält[54]. Darüber sind noch die Bohrlöcher eines ionischen *kymas* erkennbar.

Deutung

Als Details für die Deutung können die langgelockten Haare und die phrygische Mütze ausgewertet werden. Beides erinnert beispielsweise an den Orpheus an der Nebenseite eines Amazonensarkophages[55].

---

[51] Vgl. die Exemplare Agrigent, Koch 1982, Abb. 426 und Leningrad, Saverkina Taf. 15.

[52] Das Fragment ist mir aus jenem Negativblatt des ÖAI bekannt, in dem auch ‚Ephesos N' festgehalten ist. Wie dieses muß es daher von der Johannesbasilika stammen, wenn es nicht dem gleichen Sarkophag angehört.

[53] Starker Abrieb hat die Marmoroberfläche getrübt. Mörtelreste über der Stirn lassen auf ehemalige Vermauerung des Fragmentes schließen. Hierin scheint die quaderähnliche Form beider Bruchstücke ihren Sinn zu finden.

[54] Auch hier sind Mörtelreste feststellbar.

[55] Giuliano - Palma Taf. 64.

**Ephesos P:**

G:  Ungedeutet

M:  Nicht bekannt

F:  „Beim Magnesischen Tor gefunden, Damianosstraße. Aufnahme vor 1930."[56]

A:  Nicht bekannt

B:  (Abb. 50)

Das Fragment stammt vom Sockel eines attischen Sarkophages, wie die Profilfolge über der Plinthe und das charakteristische Eckpostament zur Genüge verdeutlichen. Nach Ausweis des Mittelmotives im Flechtband gehört es zudem einer Schmalseite an. Vom Sockel haben sich teilweise Wulst und *kyma*, sowie das rechte Eckpostament erhalten; die Standleiste ist weggebrochen. In der Art mancher Sarkophage aus der zweiten Hälfte des 2. Jahrhunderts ist das Eckpostament nicht von der Plinthe abgegrenzt[57]. Das Binnenfeld verziert eine nach links laufende Hindin, die vor einem Hund flieht. Zum Relief zählt das Stück eines linken Fußes auf der Standleiste. Bemerkenswert ist die Ausarbeitung des lesbischen Kymations. Auf dominante Bohrlinien ist verzichtet, auf plastische Art sind Blätter und Grate in die Tiefe gestuft. Diese Eigenart und die Bildung des Eckpostamentes weisen das Fragment in die zweite Hälfte des 2. Jahrhunderts.

**Ephesos Q:**

G:  Klinendeckelfragment

M:  L max. 0,23 m, H max. 0,25 m, T max. 0,38 m

F:  Nicht bekannt

A:  Im Skulpturendepot der unteren Agora von Ephesos

B:  (Abb. 51)

Erhalten ist das linke *fulcrum* eines attischen Klinendeckels[58]. Seine Stirnseite ist in ein vertikales, von Leisten gerahmtes und mit einem floralen Ornament versehenes Binnenfeld und das nach rechts weisende Vogelkopfprotom geteilt. Nach den weiteren Resten zu urteilen, war die Vorderseite der Matratze mit einer Arabeske überzogen, wie das Fragment insgesamt an ‚Ephesos C‘ (Abb. 33) erinnert. An der Schmalseite trug dieser Bettaufsatz ebenso einen Blattfries, der von Dachdeckel[59] und Kastensockel[60] bekannt ist.

**Ephesos R:**

F. Eichler, JdI 59/60 (1944/45), 130 Nr. 10. Ders., Öjh 36 (1946), HB 92 ff. Abb. 23. Kallipolitis 35 Nr. 252. Giuliano 48 Nr. 258. E. Fabbricotti, ArchClass 27 (1975), 44 Anm. 19.

---

[56] Eichler, N.Bl. 230 ohne Datum.

[57] Vgl. beispielsweise die dionysischen Sarkophage Istanbul-Saloniki, ASR IV, 1, Taf. 4 und Ianina, ASR IV, 1, Taf. 10.

[58] Beschädigungen:
Das obere Ende des Schmuckfeldes ist abgebrochen, doch hat sich die Kante zur Oberfläche der Matratze erhalten. Weiterhin fehlt das Ende des Vogelschnabels.

[59] Giuliano - Palma Taf. 8, 18.

[60] Siehe oben Anm. 2.

G:  Klinendeckelfragment
M:  L max. 0,485 m, H max. 0,285 m
F:  Ephesos
A:  In der Antikensammlung des Kunsthistorischen Museums in Wien unter der Inv. 929
B:  Siehe Eichler, Öjh 36 (1946), HB 92 ff.


**Ephesos S:**

G:  Klinendeckelfragment
M:  H max. 0,37 m, B max. 0,5 m
F:  Vermutlich in der Johannesbasilika
A:  Im Zuge der Restaurierungsarbeiten an der Johannesbasilika in den achtziger Jahren
    in eine Mauer nahe der Isa-Bey-Moschee eingebaut.
B:  (Abb. 52)
    Das Bruchstück zeigt das charakteristische, rechteckige Feld, dessen Spiegel durch
    ein Profil begrenzt und in den ein Rhomben-Blütendekor gesetzt ist. Mit dieser Form
    sind die Außenflächen der *fulcra*, manchmal auch jene der *plutei* an attischen Sar-
    kophagen geschmückt [61]. Reste von Mörtel an der Sichtseite lassen darauf schließen,
    daß das Fragment bereits zuvor als Spolie in Verwendung war.


**Ephesos T:**

G:  Klinendeckelfragment
M:  H max. 0,33 m, B max. 0,24 m, T max. 0,14 m
F:  In der Westwand der ‚Stiegengasse 2' eingemauert gewesen; vom Verf. im Jahr 1984
    ausgehoben.
A:  Im Depot des Österreichischen Grabungshauses, Selçuk
B:  (Abb. 53)
    Das Bruchstück ist aus feinkörnigem, weißen Marmor gearbeitet. Einer Bild- steht
    eine roh belassene Nebenseite gegenüber, sodaß man das Fragment einer rechten
    Schmalseite wird zurechnen dürfen. Vom zuäußerst rechts liegenden, rechteckigen
    Schmuckfeld eines rechten *fulcrums* ist ein 5—7 cm breiter Rest geblieben. Im Ge-
    gensatz etwa zum Bruchstück ‚Ephesos S' zeigt hier der Spiegel figürlichen Dekor.
    In der rechten, oberen Ecke ist das pausbäckige Gesicht eines nach links gewandten
    Eros erkennbar. Unmittelbar unterhalb seines Nackens setzen seine Flügel an. Nach
    der Kopfhaltung zu urteilen, könnte sein rechter Arm erhoben gewesen sein. Über
    dem Haupt windet sich eine zweigeteilte Ranke nach rechts, die in einem herzförmigen
    Blatt endet. Zu dieser Pflanze möchte man auch einen Stengel zählen, der aus der
    rechten, unteren Ecke des Bildfeldes in die Höhe geführt ist. Der unregelmäßige
    Bruch läßt weitere Beobachtungen nicht mehr zu. Weiterhin erhalten ist schließlich
    der Auflagefalz des Klinendeckels.

    Deutung
    Der Gedanke an eine Erotenweinlese liegt nahe, obgleich mir für einen derartigen
    Deckelschmuck keine Parallelen bekanntgeworden sind.

---

[61]  Vgl. etwa den Klinendeckel des Aristidessarkophages (Abb. 29).

**Ephesos U:**

G: Fragment eines attischen Dionysossarkophages (?)
M: H max. 0,43 m, B max. 0,24 m, T max. 0,22 m
F: ‚Magnesisches Tor'; Ausgrabungen 1979
A: Depot des Efes Müzesi, Selçuk mit der Inv.Nr. 45/57/79
B: (Abb. 54)

Auf Grund einiger Merkmale könnte auch dieses Reliefstück einem attischen Sarkophagkasten angehören. Neben Fundort (nahe den ephesischen Nekropolen) und Material (weißer, feinkörniger Marmor) ist zunächst die grob angespitzte Plattenrückseite zu nennen.

Das allseitig gebrochene Fragment hat einen weiblichen Torso in Seitenansicht erhalten, der an die ekstatischen Gestalten der attisch-dionysischen Sarkophage erinnert. Ein Mantel rahmt den Unterleib der Mänade und bedeckt ihre Beine. Die Bewegung der Figur nach links verdeutlicht ein von der Schulter nach rechts wehender Stoffbausch. Der Knick in der Taille zeigt an, daß sich die Mänade leicht nach links neigt, vielleicht um die *kithara* oder eine kleine Trommel zu spielen [62].

Auf die attischen Sarkophage verweist schließlich noch ein handwerkliches Detail. Die großzügig angelegten Mantelfalten sind von Bohrrillen begleitet; es ist dies ein Merkmal, das auch an zahlreichen attischen Sarkophagkästen beobachtet werden konnte [63].

---

[62] Vgl. insbesondere die Mänaden auf den Sarkophagen Istanbul-Saloniki bei Koch 1982, Abb. 449 und Patras bei Giuliano - Palma Taf. 5, 10.

[63] Vgl. dazu auch oben Anm. 42.

# DENKMAL-, NAMEN- UND SACHREGISTER

TAFELTEIL

Abb. 1: Das ‚Tor der Verfolgung‘, Selçuk ca. 1930
(Aufnahme: Bildarchiv Photo Marburg)

Tafel 2

Abb. 2: Das ‚Tor der Verfolgung' im 18. Jahrhundert
(Aufnahme: Nationalbibliothek Wien)

Abb. 3: Attischer Erotensarkophag ( = ‚Ephesos D‘) im ‚Tor der Verfolgung‘
(Aufnahme: Verf.)

Abb. 4: Skizze des Achilleussarkophages Woburn Abbey
(Aufnahme: ÖAI - Wien)

Abb. 5: Die Vorderseite des Sarkophages Woburn Abbey (= ‚Ephesos A')
(Aufnahme: Forschungsarchiv für Römische Plastik, Köln)

Abb. 6: ‚Ephesos A', die linke Schmalseite
(Aufnahme: The Warburg Institute, London)

Abb. 7: Die linke Schmalseite Woburn Abbey (= ‚Ephesos A')
(Aufnahme: Forschungsarchiv für Römische Plastik, Köln)

Abb. 8: Die Rückseite Woburn Abbey (= ‚Ephesos A‘)
(Aufnahme: The Warburg Institute, London)

Abb. 9: ‚Ephesos A‘, Detail der Rückseite
(Aufnahme: Forschungsarchiv für Römische Plastik, Köln)

Abb. 10: ‚Ephesos A‘, Detail der Vorderseite
(Aufnahme: The Warburg Institute, London)

Abb. 11: ‚Ephesos A‘, Detail der Vorderseite
(Aufnahme: The Warburg Institute, London)

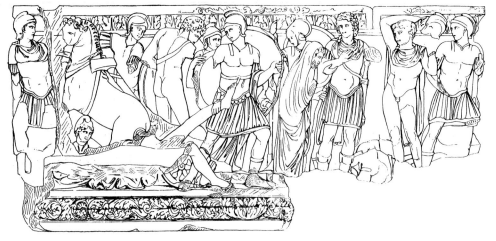

Abb. 12: ‚Ephesos A‘, Rekonstruktion nach C. Robert, ASR III, 3, 549 Abb. 47 d

Tafel 9

Abb. 13: Rechte Nebenseite Woburn Abbey (= ‚Ephesos A‘)
(Aufnahme: The Warburg Institute, London)

Abb. 14: Rechte Nebenseite Woburn Abbey (= ‚Ephesos A‘)
(Aufnahme: Forschungsarchiv für Römische Plastik, Köln)

Abb. 15: Achilleussarkophag Adana
(Aufnahme: DAI - Istanbul)

Abb. 16: Hippolytossarkophag Istanbul
(Aufnahme: DAI - Istanbul)

Abb. 17: Achilleussarkophag London
(Aufnahme: The British Museum, London)

Abb. 18: Achilleussarkophag Beyrouth
(Aufnahme: G. Koch, Marburg)

Abb. 19: Erotensarkophag im ‚Tor der Verfolgung' ( = ‚Ephesos D')
(Aufnahme: Verf.)

Abb. 20: Erotensarkophag ‚Ephesos D'
(Aufnahme: ÖAI - Wien)

Abb. 21: Sarkophagfragment (zu ‚Ephesos D' ?)
(Aufnahme: Verf.)

Abb. 22: Das Grabhaus des Amazonensarkophages ‚Ephesos F‘
(Aufnahme: ÖAI - Wien)

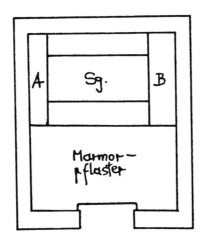

Abb. 23: Grundriß (Skizze) vom Grabhaus des Amazonensarkophages ‚Ephesos F‘

Abb. 24: Amazonensarkophag ‚Ephesos F‘, Vorderseite
(Aufnahme: ÖAI - Wien)

Abb. 25: Amazonensarkophag ‚Ephesos F‘, rechte Nebenseite
(Aufnahme: ÖAI - Wien)

Abb. 26: Amazonensarkophag ‚Ephesos F', Rückseite
(Aufnahme: Verf.)

Abb. 27: Amazonensarkophag ‚Ephesos F', linke Schmalseite
(Aufnahme: ÖAI - Wien)

Tafel 20

Abb. 28: Schlachtsarkophag des Qu. Ae. Aristides (= ‚Ephesos B‘), rechte Schmalseite
(Aufnahme: ÖAI - Wien)

Abb. 29: Klinendeckel des Schlachtsarkophages ‚Ephesos B‘
(Aufnahme: Verf.)

Abb. 30: Aristidessarkophag (= ‚Ephesos B‘), Ornamentleiste einer Nebenseite
(Aufnahme: ÖAI - Wien)

Abb. 31: ‚Ephesos C‘, Relieffragment einer Kastenhauptseite
(Aufnahme: ÖAI - Wien)

Abb. 32: ‚Ephesos C‘, Kastenfragmente
(Aufnahme: Verf.)

Abb. 33: ‚Ephesos C‘, Klinendeckel
(Aufnahme: Verf.)

Abb. 34: ‚Ephesos C‘, Klinendeckel
(Aufnahme: Verf.)

Abb. 35: ‚Ephesos C‘, Klinendeckel
(Aufnahme: Verf.)

Abb. 36: ‚Ephesos E‘, Kastenfragmente
(Aufnahme: Verf.)

Abb. 37: ‚Ephesos E‘, Kastenfragment
(Aufnahme: Verf.)

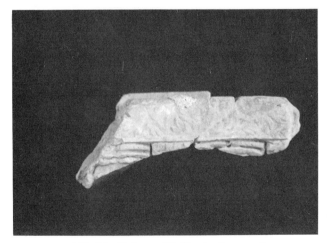

Abb. 38: ‚Ephesos E‘, Kastenfragment
(Aufnahme: Verf.)

Abb. 39: ‚Ephesos E', „Kopf der Amme"
(Aufnahme: M. Aurenhammer, Wien)

Abb. 40: ‚Ephesos E', männl. Reliefkopf mit „Hut"
(Aufnahme: M. Aurenhammer, Wien)

Abb. 41: ‚Ephesos E' (?), männl. Reliefkopf
(Aufnahme: M. Aurenhammer, Wien)

Abb. 42: Kastenfragment ‚Ephesos H'
(Aufnahme: Ashmolean Museum, Oxford)

Abb. 43: Kastenfragment ‚Ephesos I'
(Aufnahme: Ashmolean Museum, Oxford)

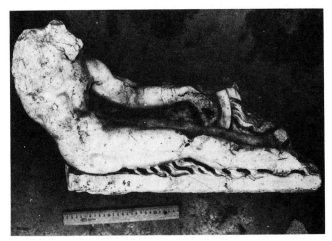

Abb. 44: Kastenfragment ‚Ephesos J'
(Aufnahme: Verf.)

Abb. 46: ‚Ephesos K‘, Nebenseite
(Aufnahme: ÖAI - Wien)

Abb. 45: ‚Ephesos K‘, Hauptseite
(Aufnahme: ÖAI - Wien)

Abb. 47: Kastenfragment ‚Ephesos N‘
(Aufnahme: ÖAI - Wien)

Abb. 49: Kastenfragment ‚Ephesos O‘
(Aufnahme: ÖAI - Wien)

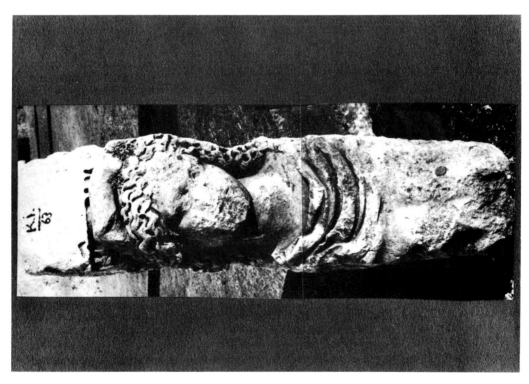

Abb. 48: Kastenfragment ‚Ephesos O‘
(Aufnahme: ÖAI - Wien)

Abb. 50: Sockelfragment ‚Ephesos P‘
(Aufnahme: ÖAI - Wien)

Abb. 51: Klinendeckelfragment ‚Ephesos Q‘
(Aufnahme: Verf.)

Abb. 52: Klinendeckelfragment ‚Ephesos S‘
(Aufnahme: Verf.)

Abb. 53: Klinendeckelfragment ‚Ephesos T‘
(Aufnahme: Verf.)

Abb. 54: Kastenfragment ‚Ephesos U‘
(Aufnahme: Verf.)